EL VIAJE PARA CONVERTIR TU
PERFIL DE LINKEDIN EN UN
IMÁN DE OPORTUNIDADES

AGRADECIMIENTOS

A mi querido esposo, mis amados hijos, mi bello nieto y mis adorados padres. Su apoyo constante ha sido el faro que iluminó cada etapa de esta travesía.

El mundo es un gran maestro, pero las lecciones más importantes vienen a través de personas extraordinarias que encontramos en el camino.

Inge Saez, tus enseñanzas y mentorías sobre cómo navegar el universo de LinkedIn con estrategia y propósito han sido un pilar fundamental en mi viaje profesional

Guillermo Gonzáles Pimiento, mi mentor. Guille, tus enseñanzas y desafíos me sacan de mi zona de confort, permitiéndome explorar nuevos horizontes, ayudándome a crecer en esta maravillosa red y guiándome en el maravilloso reto de escribir este libro.

A ti, querido comprador o compradora industrial, gracias por ser parte de esta aventura, por permitirme compartir mis experiencias y aprendizaje contigo y porque en cada interacción aprendo de ti.

A través de estas páginas, espero haberte sembrado la inspiración y la curiosidad para embarcarte en tu propio viaje de descubrimiento y desarrollo profesional.

Gracias por leerme, y espero que este intercambio de conocimiento haya enriquecido tu mundo tanto como lo hizo con el mío.

Con gratitud infinita.

Carol

SOBRE LA AUTORA

Con más de 30 años de experiencia en la industria de la ferretería industrial y una formación especializada en LinkedIn, social selling y ghostwriting; mi propósito evolucionó hacia el camino de compartir mi conocimiento.

Específicamente en cómo los profesionales del área de compras pueden potenciar su gestión mediante la presencia de su marca personal optimizada y estratégica en LinkedIn.

De esta motivación surge mi libro, diseñado para guiarte en un viaje transformador que convertirá tu perfil de LinkedIn en un imán de oportunidades.

Mi travesía comenzó estudiando Ingeniería Industrial, con la visión de trabajar en el sector productivo de una fábrica. Sin embargo, el destino me llevó hacia el negocio familiar de mi esposo, en un mundo dominado por los hombres. Esta experiencia, lejos de ser un obstáculo, me brindó una valiosa perspectiva sobre el poder de la adaptabilidad y la importancia de compartir conocimiento aprendiendo unos de otros para crecer juntos como equipo.

Mi libro es la manifestación de una pasión que combina mi voluntad de ayudar a los demás y mi amor por compartir conocimiento, especialmente sobre cómo LinkedIn puede ser la herramienta que te permita lograr una gestión más eficaz y un posicionamiento destacado en el mundo profesional.

A medida que avancemos juntos en este viaje, aprenderás estrategias prácticas para pulir tu perfil en LinkedIn, destacar tu área de experiencia y atraer las oportunidades que buscas.

He observado el interés creciente de los compradores en utilizar LinkedIn, pero muchos no saben cómo aprovechar al máximo esta plataforma.

Espero que este libro te motive a embarcarte en un viaje de descubrimiento y crecimiento profesional, y que pueda inspirarte a explorar nuevas formas de enriquecer tu gestión y marca personal en la era digital.

Con cada conexión hecha y cada oportunidad aprovechada en LinkedIn, reafirmo mi creencia en el poder de la colaboración y el aprendizaje continuo como pilares para el éxito en nuestro mundo en constante evolución.

Puedes encontrarme en:

CAROL HANDAL DE ZUMMAR

PRÓLOGO

En un mundo de tecnología y comercio, donde las relaciones profesionales se construyen tanto en presencial como en LinkedIn, los profesionales de compras descubren un nuevo horizonte de posibilidades.

Este libro **"DE COMPRADOR INVISIBLE A INFLUYENTE"** de mi querida Carol te ofrece un paso en este camino, ofreciéndote no solo un lente a través del cual puedes ver este mundo en evolución, sino también las herramientas prácticas para moldearlo activamente y lograr tus objetivos profesionales.

Este libro emerge como una brújula esencial en LinkedIn, guiándonos a través de la creación de perfiles magnéticos, la construcción de redes estratégicas, y la articulación de nuestra propia historia y visión. Carol presenta LinkedIn no solo como una plataforma, sino como un ecosistema vibrante donde las ideas se encuentran, las oportunidades se cultivan y la influencia se gana a través de la contribución genuina y el liderazgo de pensamiento y opinión.

Cada capítulo de **"DE COMPRADOR INVISIBLE A INFLUYENTE"** es un paso en un viaje de empoderamiento. Aquí, aprendemos la importancia de la narrativa personal, descubriendo que nuestra voz única es la clave para conectar con otros profesionales y líderes de la industria. Carol nos alienta a compartir nuestras perspectivas, desafíos y éxitos, enriqueciendo la comunidad profesional con la diversidad de nuestras experiencias.

Más allá de la teoría, este libro es de pura acción. Desde la optimización de nuestro perfil hasta la participación en discusiones significativas, somos invitados a ser participantes activos en nuestra trayectoria profesional. Carol destaca la relevancia de la reciprocidad en nuestras interacciones, enfatizando que el valor que ofrecemos es tan crucial como el que buscamos.

En su esencia, **"DE COMPRADOR INVISIBLE A INFLUYENTE"** es una celebración de la individualidad en el espacio profesional. En un mundo que a menudo valora la conformidad y la inmediatez, Carol nos equipa con la confianza para destacar, para defender nuestras ideas y para liderar con autenticidad. Nos muestra que la influencia no se mide por el número de conexiones, sino por la calidad de las relaciones que cultivamos y las conversaciones que iniciamos.

Al sumergirte en este libro, considera cada capítulo como una invitación a reflexionar, innovar, aplicar y crecer. Este libro no es solo un recurso; es un compañero en tu viaje hacia un reconocimiento más profundo y una influencia más amplia en el mundo del procurement.

Así que, al comenzar este viaje con **"DE COMPRADOR INVISIBLE A INFLUYENTE",** estás tomando un paso afirmativo hacia un futuro donde tu voz se amplifica, tus ideas resuenan y tu carrera florece en un jardín de posibilidades ilimitadas.

Con cariño y mucha admiración hacia Carol.

- GUILLERMO GONZÁLEZ PIMIENTO
FUNDADOR APRENDAMOS Y EL HUMAN TO HUMAN HUB
LINKEDIN TOP VOICE

INDICE.

DE COMPRADOR INVISIBLE A INFLUYENTE

CAPÍTULO 3 -
INICIEMOS LA TRAVESÍA: IMPACTA CON UN PERFIL QUE TE DIFERENCIE

- Tu pasaporte al éxito: perfila tu identidad en LinkedIn

- Tu foto

- Tu banner

- Tu titular

- Información de contacto

- Tus servicios

- Tu historia: escribimos tu "acerca de"

- Aventuras en el modo "creador de contenido"

- Explorando el territorio de los "destacados"

- Dejando huella: construye tu legado profesional

- Travesías laborales: tu experiencia, cada parada un aprendizaje

- Expediciones de aprendizaje: el valor de mostrar tu "educación" en LinkedIn

- Equipaje adicional: las "licencias y certificaciones" que avalan tus aventuras

- Recolecta sellos en tu pasaporte: "conocimientos y aptitudes"

- Testimonios de tus compañeros de viaje: las "recomendaciones"

INTRODUCCIÓN

Era una mañana de mayo, la recuerdo bien. Con mi café en la mano, revisaba LinkedIn desde mi oficina en casa. Hacer esto ya es parte de mi ritual diario.

Pero esa mañana fue diferente.

Un mensaje apareció en mi bandeja. Era de una experta en compras de República Dominicana a la que llamaremos Valeria: *"¡Hola, Carol, me ha encantado tu perfil! Cuando lo vi dije: quiero mi perfil como el de ella. Me gustaría saber cuál es el costo de las asesorías para LinkedIn."*

Y luego, como si se tratara de un efecto dominó, otro comprador de mi país me hizo una solicitud similar.

Fue ese el instante en el que me di cuenta que podía aportar algo desde mi experiencia y aprendizaje: *ayudar a los compradores a trazar su ruta en LinkedIn.*

Ahora dime, ¿alguna vez te has sentido invisible en esta red, deseando que tu perfil resalte y atraiga las oportunidades que buscas?

Te confieso algo: al principio, yo también me sentía igual. Pero sé lo que es encontrar un faro, una guía, y por eso quiero ayudarte.

Mi promesa es clara: te enseñaré a convertir tu perfil de LinkedIn en un imán para las oportunidades. Ya sea que busques posicionar tu marca personal como un comprador influyente, encontrar un empleo, ofrecer tus servicios como consultor o contactar con proveedores.

¿Y por qué embarcarte en este viaje conmigo? Porque llevo cuatro años navegando esta red, aprendiendo de la mano de los mejores y probando estrategias que realmente funcionan.

Gracias a LinkedIn, he forjado alianzas con expertos, compartiendo y adquiriendo conocimientos para mejorar la gestión de compras de compradores industriales.

Mi pasión es conectar, aprender y ayudar. Este libro es el mapa de ese viaje que hoy quiero compartir contigo.

Ahora dime, ¿estás listo para acompañarme en esta aventura y descubrir cómo pasar de ser un comprador invisible a uno influyente? Si es así, preparemos tu equipaje y acompáñame.

1

CAPÍTULO 1
INICIAMOS EL VIAJE
ENTENDIENDO LINKEDIN

LinkedIn no es solo una red social para profesionales, ni tampoco es una red exclusiva para buscar trabajo.

Es una herramienta poderosa para forjar conexiones, construir tu marca personal y aprovechar las oportunidades que se te presenten.

Si eres un comprador, LinkedIn te ofrece un mundo de posibilidades para expandir tu red de contactos, aprender de los expertos y, lo más importante, convertirte en una figura influyente en tu campo.

Entender LinkedIn es fundamental para cualquier comprador industrial que desee tener éxito en su carrera, ya que encontrarás millones de usuarios y profesionales en más de doscientos países.

Si, además de esto, tomas en cuenta que LinkedIn y Google son muy buenos amigos, verás el potencial que existe en que Google priorice el perfil y el contenido de LinkedIn por encima de cualquier otra red social.

Entonces ¿por qué LinkedIn para compradores industriales?

Te daré algunas razones:

- **Accedes a una amplia red de contactos.**
- **Generas autoridad al compartir contenido relevante y útil.**
- **Compartes tu conocimiento y experiencias, lo que te permite establecerte como un experto en tu**

campo y aumentar tu visibilidad en la industria.

- Amplias tu red de proveedores con acceso a más productos y servicios.

- Sigues los perfiles de empresas o personas referentes en tu campo para estar al día con las tendencias, novedades, etc.

- Encuentras contenido valioso, creado por profesionales de todo el mundo, en forma de artículos, infografías y estudios de caso, contribuyendo a tu desarrollo profesional.

- Realizas búsquedas de proveedores y productos.

- Mejoras la visibilidad de tu empresa.

- Estableces relaciones con un alto potencial de beneficio mutuo.

- Encuentras ofertas de trabajo, recibes alertas de empleo y contactas directamente con reclutadores o empresas de tu interés.

- Recibes recomendaciones y respaldos de tus habilidades por parte de colegas y superiores en tu perfil de LinkedIn, aumentando tu credibilidad en la industria.

- Ofreces tus cursos o consultorías en tu área de experiencia.

En pocas palabras :

LinkedIn es un lugar para mostrar al mundo el valor que puedes aportar como profesional y te brinda un mar infinito de oportunidades en el mundo de las compras industriales.

Entonces, no esperemos más. Acompáñame en este viaje y definamos juntos tu estrategia en LinkedIn.

COMENCEMOS A TRAZAR LA RUTA:
TU ESTRATEGIA

Empezar un viaje sin un mapa puede resultar confuso, y lo mismo ocurre en LinkedIn. Necesitas una estrategia clara que te guíe en la dirección correcta. Aunque muchos omiten este paso, trazar tu ruta es la clave para destacar y alcanzar tus metas.

Ahora, si prefieres ir directo a editar tu perfil, puedes pasar al capítulo 3. Pero si lo que quieres es tener una estrategia para que LinkedIn trabaje por ti 24/7, continuemos.

TU GPS PERSONAL:
DEFINAMOS TUS OBJETIVOS EN LINKEDIN

¿Qué esperas lograr con tu perfil en LinkedIn? ¿Deseas conectarte con otros compradores?, ¿buscas aprender de expertos?, ¿encontrar oportunidades de empleo?, ¿que te reconozcan como el especialista en compras industriales que eres?, ¿estar al día con las novedades de tu sector?, o quizás ¿quieres explorar tu primera oportunidad laboral?

> *Definir tus objetivos desde el principio te ayudará a tomar decisiones más efectivas sobre el tipo de contenido que debes compartir, con quién conectarte y cómo interactuar en la plataforma.*

Y no hay objetivos buenos ni malos. El problema es no tenerlos.

Aquí quiero que te grabes esto: **Tú eres una persona única,** *con tus conocimientos, experiencias , personalidad y valor.*

Tú sabes algo que otros desconocen y que puede beneficiarlos. Tu personalidad y experiencia puede enriquecer la vida de otros o inspirarlos; tus éxitos, fracasos y aprendizajes pueden ser útiles para los demás. *¡Descubre y comunica tu valor!*

Te confieso algo, cuando comencé, yo pensaba que no sabía suficiente. Creía que no era experta en esto, que cualquiera que buscara información la iba a encontrar, que no es novedad lo que sé . Aún a veces me sucede. Es normal.

Y es verdad. Puede hacerlo cualquiera que dedique mucho tiempo a estudiar lo mismo que yo, que lea los mismos libros que yo, que conozca las mismas personas que yo, que haya vivido las mismas experiencias que yo, que se haya equivocado como yo, que tenga la misma personalidad que yo... ¿lo ves? Eres una persona única que puede aportar valor a otros con tus vivencias, fracasos, éxitos, hábitos, etc.

Espero que con esto te quede claro que eso que tú sabes y que tú eres puede ayudar a los demás.

Siempre habrá alguien que necesite eso que tú le puedes aportar. Eres diferente y esa diferencia es tu mayor activo.

Ejercicio para descubrir en qué eres bueno y todo lo que puedes aportar a tu comunidad o clientes:

EL ÁRBOL DE HABILIDADES

- **Objetivo:** ayudarte a identificar y poner en palabras tus habilidades principales.

- **Preparativos:** toma varios lápices de colores marcados y asegúrate de tener un espacio tranquilo para trabajar.

- **Instrucciones:**

  - En el siguiente árbol, el tronco representa tu rol principal como comprador industrial.

  - En cada rama escribe una habilidad o fortaleza que posees como comprador industrial.

  - Te recomiendo usar un color diferente para escribir en cada rama.

  - En cada hoja escribe un logro o experiencia que demuestre esa habilidad.

  - En cada fruto escribe los beneficios que aportas gracias a tus habilidades.

- En cada raíz del árbol escribe aquello que te mantiene motivado y apasionado por tu trabajo. **Escribir estas razones puede ayudarte a conectar con el "porqué" detrás de lo que haces.**

negociación

análisis de costos

negocié un contrato que ahorró a la empresa un 15% el año pasado

relaciones a largo plazo con proveedores clave

busco siempre el valor en mis adquisiciones

¡Escanea e imprime!

Ahora que ya comprendes lo que tú puedes aportar, es importante que le des claridad a tu mente y le digas hacia dónde quieres ir. Para esto, establece objetivos S.M.A.R.T.

¿QUÉ ES UN OBJETIVO S.M.A.R.T.?

S

ESPECÍFICO
Tu objetivo debe ser claro y concreto.

M

MEDIBLE
Debe ser cuantificable para que sepas cuándo lo has alcanzado.

A

ALCANZABLE
Tiene que ser realista.
Ambicioso pero alcanzable.

R

RELEVANTE
Debe ser significativo para ti
y tu carrera.

T

TEMPORAL
Debe tener una fecha límite clara.
La puedes ir ajustando, pero defínela.

Al momento de definir cada objetivo deberás responder las siguientes preguntas:

MEDIBLES

¿Qué datos necesitamos?

¿Dónde estarán almacenados nuestros datos y cómo accederemos a ellos?

¿Nuestros datos son confiables y se pueden verificar?

¿Cuáles serían hitos razonables?

¿Cuánto es suficiente y cuánto no lo es?

¿Cómo sabremos si alcanzamos nuestro objetivo?

ALCANZABLES

¿Cuáles son los pasos necesarios para alcanzar este objetivo?

¿Cuánto control directo tenemos sobre el logro de este objetivo?

¿El objetivo es realista si se compara con el rendimiento previo?

¿Cuáles son los precedentes?

¿Por qué pensamos que es alcanzable?

¿Qué factores externos (e internos) podrían evitar que lográramos el objetivo?

REALISTAS

¿Por qué es este el momento adecuado para fijar ese objetivo?

¿Por qué no se fijó en el pasado?

¿Quiénes son las personas adecuadas para lograrlo?

¿Cómo ayudará este objetivo a avanzar hacia la consecución de la estrategia a largo plazo?

¿Cuál es el retorno de la inversión (ROI) anticipado?

¿Qué pasaría si no lo lográramos?

¿Es el objetivo alcanzable dentro del plazo establecido?

¿Cuál es el período más largo o corto posible para alcanzar este objetivo?

TEMPORAL

¿Qué obstáculos potenciales o factores relacionados con el tiempo podrían demorar el progreso?

¿Qué logramos en períodos similares en el pasado?

¿Cuándo y cómo comprobaremos el progreso?

¿Qué hacemos si nos damos cuenta de que no vamos por el camino correcto en la mitad del período?

¿Hay momentos en que el progreso podría acelerarse o desacelerarse naturalmente?

ESPECIFICOS

¿Cuáles son los pasos concretos de nuestro plan?

¿A quién necesitamos para lograrlo?

¿Dónde se llevarán a cabo las acciones necesarias?

¿Por qué la estrategia es valiosa a largo plazo?

¿Cómo damos prioridad a este objetivo frente a otros?

Escribe tus objetivos en tiempo presente, como si ya lo hubieras logrado, y asegúrate que estén alineados con tus valores.

Te daré unos ejemplos:

Búsqueda de proveedores: "En los últimos 3 meses, he utilizado las herramientas de búsqueda avanzada de LinkedIn para identificar y contactar a 50 proveedores potenciales de maquinaria industrial que cumplen con mis criterios de selección, lo cual me ha permitido obtener 10 propuestas de cotización competitivas."

Generación de contenido para establecer autoridad: "Durante los últimos 4 meses, he publicado contenido original y relevante en LinkedIn relacionado con tendencias en compras industriales, análisis de proveedores y mejores prácticas, una vez a la semana. Lo que ha fortalecido mi posición como referente en el sector al haber recibido al menos cien interacciones de mi público objetivo (me gusta, comentarios y compartidos) por publicación."

Red de contactos: "He incrementado mi red de contactos en LinkedIn en un 30%, al haberme conectado con 200 profesionales de la industria de compras y proveedores en los últimos 6 meses, lo cual ha mejorado mi capacidad para obtener ofertas de calidad y fortalecer mis relaciones en el sector.

DESCUBRE TU NORTE
QUIÉN ES TU CLIENTE IDEAL Y CUÁL ES TU PROMESA DE VALOR

Sé que ya quieres comenzar con tu perfil, pero es muy importante que tengas claro antes: ¿a quién te diriges? Ese es tu **"cliente ideal"**.

Puede que sean otros compradores, proveedores o quizás líderes de la industria.

Identificar a tu audiencia te permitirá adaptar tu contenido y tu comunicación a sus necesidades, generando interés y valor para ellos. Este es tu "cliente ideal" , a quien tú aportarás valor.

¿Acaso hablarías igual a proveedores que a reclutadores o a colegas? ¡No!, porque a cada uno le interesan cosas diferentes.

Imagina que eres un comprador experto en agilidad y que el público al que te diriges son los compradores que se interesan en la tecnología aplicada a compras y en cómo adaptar las metodologías ágiles en su gestión.

Si esa persona entra a LinkedIn en los diez minutos que tiene disponible, ¿crees que captarás su atención si hablas sobre la cantidad de kilómetros que corriste hoy, luego sobre el restaurante en el que cenaste ayer y después sobre el trabajo en equipo?

La respuesta es ¡no!

Si quieres que el mensaje llegue a las personas correctas, debes conocer bien quiénes son, qué les interesa, qué retos tienen, qué les preocupa y cómo es que tú puedes resolver eso y ayudarles.

Al tener esto claro, estarás hablando el lenguaje que ellos entienden. Así, el algoritmo de LinkedIn mostrará tus contenidos a esas personas (porque contrario a lo que dicen, el algoritmo es bueno y trabaja a tu favor) y tus esfuerzos tendrán fruto.

Entonces, vamos a trabajar tu perfil pensando en **ellos,** no en ti.

Mientras mejor los conozcas, más fácil captas su atención y logras tus objetivos.

Quiero que tengas claro que puedes tener diferentes audiencias, pero siempre bajo la sombrilla de un mismo objetivo.

¡Te explico!

Si eres un comprador que está iniciando y desea hacer crecer su marca personal para dar a conocer su conocimiento y lograr el trabajo que desea, podrás tener más de una audiencia : los reclutadores de esas empresas, proveedores y otros compradores.

A cada una de estas audiencias (o clientes ideales) le hablarás diferente dentro de tu perfil. Ya lo veremos más adelante. Pero lo importante es que les hablarás de lo que a ellos les interesa sobre tu experiencia y conocimientos.

Te daré un ejemplo de cómo hacerlo más fácil si no sabes por dónde comenzar. ¡Hay que aprovechar la tecnología!

Imagina que eres un comprador con unos años de experiencia y deseas una mejor oportunidad laboral. Sabes que tienes diferentes audiencias : directores de compras que desean crecer su equipo, reclutadores de la empresa y otros colegas .

Puedes usar Google o Chat GPT y pedirle que te liste 10 problemas que tienen los directores de compras al reclutar a su equipo. Y te darán una lista de problemas. Luego le pides que te de una lista de temas de los que podría hablar un comprador si quiere captar la atención de ellos, atacando sus problemas de forma sutil con contenido. Y sucede la magia.

Te darán una lista de temas de los que puedes hablar y tú escoges en los que tienes mayor experiencia o conocimiento y así será más fácil crear tu perfil y tu contenido.

Pero por favor no copies textualmente lo que te dicen estas herramientas. Úsalo como base para darte ideas pero escribe desde tu conocimiento y con tu propia personalidad, que no parezcas un robot.

Ahora veamos cuál es tu **propuesta de valor.**

La primera persona que debe tenerla clara eres tú. Para eso es importante que hayas realizado el ejercicio inicial descubriendo tu valor único.

Si tú no lo tienes claro, ¿cómo esperas que los demás lo descubran? Además, debes sentir pasión por eso que haces para que transmitas esa energía y puedas comunicar tu propuesta de valor en menos de 15 segundos.

Aquí tienes algunas preguntas que puedes plantearte para definir tu propuesta de valor:

> ***¿Cuáles son mis habilidades y talentos singulares?***
> Reflexiona sobre lo que te resulta fácil y lo que has perfeccionado a lo largo de tu vida y trayectoria profesional.

> ***¿Qué conocimientos y vivencias poseo que podrían resultar útiles para otros?***
> Ten en cuenta tus experiencias laborales, formación, viajes y cualquier otra vivencia que sea relevante.

> ***¿Qué problemas o retos puedo solucionar para mis clientes o para otros compradores industriales?***
> Reconoce los desafíos recurrentes que enfrentan tus colegas y cómo tus competencias y saberes pueden ayudarles a superarlos.

> **¿Qué distingue a mi enfoque de otros enfoques?**
> Reflexiona sobre cómo puedes brindar una perspectiva singular o un enfoque innovador para abordar los problemas más comunes en tus clientes y otros compradores.

> **¿Cuáles son los resultados o beneficios concretos que puedo ofrecer?**
> Considera cómo tus conocimientos, productos o servicios pueden ayudar a tus clientes u otros compradores a alcanzar objetivos específicos o a obtener ventajas tangibles.

Recuerda que tu propuesta de valor debe ser genuina y estar alineada con tus principios, valores y pasión.

Si haces esto, ya tienes un 50% de tu ruta trazada en LinkedIn.

TUS COORDENADAS
DEFINE TUS PALABRAS CLAVES

En el siguiente capítulo ya entraremos en acción con LinkedIn.

Y ¿Qué son palabras clave?

Son las palabras o frases con las que esa persona que necesita tus servicios te buscaría (un reclutador, un proveedor o un colega; dependiendo de tu objetivo).

Recuerda que LinkedIn es un potente buscador.

Imaginemos que buscas una oportunidad asesorando a compradores que recién han sido promovidos a puestos de directores. ¿Cómo te buscarían?

Hay diferentes formas de saberlo, aquí te comparto algunas de ellas:

- **Pregúntale a un grupo de estas personas.**
- **Busca en Google, en ubersuggest.org o en answerthepublic.com estas palabras.**
- **Haz el ensayo como si tú estuvieras buscando a ese consultor.**

Estas palabras o frases pueden ser:

Cargos: por ejemplo "Director de Compras", "Gerente de compras"

Especialidad de la persona: por ejemplo "Supply Chain", "Gestión de Proveedores"

Palabras o frases que buscan solución a un problema: por ejemplo "Consultor en compras", "Consultor en negociaciones"

Para aparecer en los primeros lugares de búsqueda de LinkedIn, es importante saber cómo te buscaría, tu cliente ideal, para contratar tus servicios.

CAPÍTULO 2
PREPAREMOS TU MALETA

Antes de embarcarnos en cualquier travesía,
es necesario estar bien preparados.

En LinkedIn, eso significa tener al alcance las herramientas adecuadas.

Desde abrir tu cuenta hasta entender las configuraciones básicas. Asegurémonos de tener todo listo para este viaje.

ABRAMOS TU CUENTA DE LinkedIn

Antes de seguir adelante, si ya posees un perfil activo, avanza al próximo capítulo.

Si sigues aquí es porque aún no tienes un perfil creado, así es que te mostraré los pasos que debes seguir.

+ **Ingresa al sitio oficial de LinkedIn:**
  www.linkedin.com

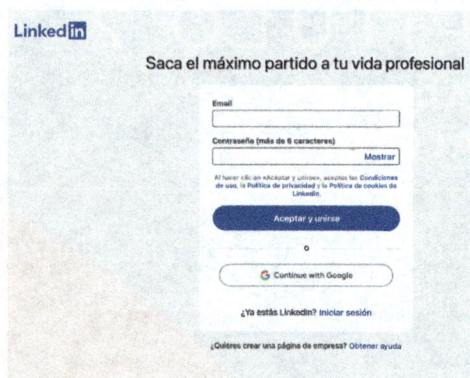

+ Selecciona la opción **"Aceptar y Unirse".**

+ **Ingresa tu correo electrónico** y crea una contraseña segura.

✚ **Ingresa tu nombre y dos apellidos.** No uses apodos ni diminutivos.

✚ **Continúa llenando los datos que la plataforma te solicita.** *NOTA: El idioma que escojas como predeterminado no podrás cambiarlo; solamente podrás elegir idiomas secundarios.*

✚ **Verifica tu correo electrónico.** Activa tu cuenta haciendo clic en el enlace proporcionado.

✚ Pulsa en **"Finalizar registro".**

¡Te doy la Bienvenida a esta maravillosa plataforma de LinkedIn!

ESCOGE TU RUTA

CUENTA GRATUITA O CUENTA PREMIUM

Quiero explicarte estas opciones, ya que es una pregunta frecuente que me hacen y que yo también me planteé en su momento.

Si bien LinkedIn ofrece diferentes tipos de cuentas, si estás comenzando te sugiero que lo hagas con la cuenta gratuita. Cuando ya tengas tu perfil andando y tus objetivos bien definidos, entonces decides cual es la inversión que puede ayudarte a conseguirlos.

Te comparto las diferencias entre los tipos de cuenta que hay disponible en estos momentos en LinkedIn:

TIPO DE CUENTA	FUNCIONES MÁS DESTACADAS
LinkedIn Básico	• Solicitar y dar recomendaciones • Buscar, visitar y conectar perfiles • Recibir un número ilimitado de mensajes en InMail • Guardar hasta tres búsquedas y recibir alertas semanales sobre esas búsquedas
LinkedIn para buscadores de empleos *(Career)*	• Ver quién ha visto tu perfil en los últimos 90 días • Aparecer de los primeros en la lista de candidatos • Ver diferencias con otros candidatos • Ver variaciones salariales en busquedas de trabajo • Acceso a cursos online en vídeo de LinkedIn

LinkedIn Business	- 15 mensajes InMail al mes - Ver perfiles de tercer grado - Herramientas de marketing y publicidad - Analizar y medir el rendimiento de tus campañas de marketing en LinkedIn
LinkedIn para reclutadores *(Hiring)*	- 30 mensajes InMail - Búsquedas avanzadas - Visibilidad ilimitada dentro y fuera de tu red - Seguimiento automático de candidatos - Diseño específico para reclutamiento
LinkedIn para ventas *(Sales Navigator)*	- 50 mensajes InMail - Herramientas de leads con filtros de búsqueda - Creación de listas personalizadas de posibles clientes y cuentas - Recomendaciones de posibles clientes y contactos guardados
Sales Navigator Core	- Filtros para realizar búsquedas avanzadas - Número ilimitado de búsquedas que podrás guardar

Sales Navigator Core	**50 mensajes InMail** **Opción de guardar hasta 10,000 potenciales clientes y crear listas especializadas**
Sales Navigator Advanced	**Funciones de Sales Navigator Core** **Integrar tus perfiles CRM** **Inclusiones de Smart Links para enviar contenidos diferentes a tu público objetivo y realizar seguimiento de su interacción**
Sales Navigator Advanced Plus	**Funciones de Sales Navigator Advanced** **Integración CRM** **Guarda automáticamente listas de potenciales clientes desde tu CRM** **Inclusión o exclusión de clientes potenciales que coincidan con tus búsquedas de Sales Navigator**

FUENTE: INGE SÁEZ | MARKETING HONESTO

EN TUS MARCAS, LISTOS, FUERA:

CONFIGUREMOS TU PERFIL

Aunque tengas ya un perfil , revisa la configuración de tu cuenta para que todo funcione bien:

➕ **Ingresa a tu perfil.**

➕ **Presiona "Yo"**

+ **Ajustes y Privacidad**

+ **Comienza llenando cada una de las partes de tus ajustes de privacidad.**

Mensajes   Notificaciones   Yo ▾

Carol Handal de Zummar

|AYUDO a profesionales de compras y mantenimiento a COMPRAR MEJOR | Colaboraciones estratégicas |Venta de Insumos industriales y ferretería en Honduras |

Ver perfil

Cuenta

Funcionalidades Premium

Ajustes y privacidad

Ayuda

Idioma

¡Pica aquí!

Te pedirá la información del perfil. Por favor ingresa datos correctos, LinkedIn es tu amigo y no podrá ayudarte si comienzas pretendiendo ser alguien que no eres.

Te pedirá tus preferencias generales. Esto se refiere a cómo quieres ver otros perfiles.

Aquí es muy importante que elijas el idioma principal de tu perfil. Si tus contactos y contenidos serán en español , es mejor que selecciones ese idioma. Más adelante podrás incluir idiomas secundarios si así lo necesitas.

Adicionalmente, cuando un usuario tenga su perfil configurado en más de un idioma, LinkedIn te mostrará la versión del perfil en el idioma que tú tengas configurado (si esa persona lo tiene), de lo contrario te lo mostrará en su idioma principal.

Continúa navegando por el resto de datos y configura según tu preferencia.

Llegas ahora a "Inicio de sesión y seguridad". Aquí colocas tu información de la cuenta. Te aconsejo no colocar tu celular al menos que desees que sea público. Comparte el número con el que te sientas cómodo que sea visible.

En la dirección de email, coloca un email alterno por si surge algún problema con tu cuenta principal de correo o si abriste la cuenta con un email de trabajo al que ya no tienes acceso.

Y ahora viene una parte **muy importante:** Visibilidad

Irás llenando tus preferencias pero te dejaré algunos consejos:

1. Aquí muchos cometen el error de dejar todo oculto y privado. **Pero ¿qué sentido tiene que nadie te vea o que tengas oculta tu foto, titular, etc?**

2. **Opta por que tu nombre y titular sean visibles,** así, cuando visites el perfil de otros usuarios, ellos sabrán quién eres y podrás crear interés en ti. Ahora, si ves a tu competencia puede interesarte optar por el modo privado mientras tanto.

3 Al "Editar tu perfil público", **en lo personal dejo todas las opciones abiertas.** Para eso estoy en LinkedIn, para que me encuentren. LinkedIn y Google son muy buenos amigos, aprovecha esto para que indexe tu perfil y aumentes tu visibilidad.

○ **Público**
Todos los miembros dentro y fuera de LinkedIn. Tu contenido puede aparecer en resultados de búsqueda (Google, Bing, etc.).

Foto de fondo	Mostrar
Titular	Mostrar
Sitios web	Mostrar
Extracto	Mostrar
Artículos y actividad	Mostrar
Experiencia actual	Mostrar
Detalles	Mostrar
Experiencia pasada	Mostrar
Detalles	Ocultar
Educación	Mostrar
Detalles	Mostrar
Experiencia de voluntariado	Mostrar
Certificaciones	Mostrar
Publicaciones	Mostrar
Cursos	Mostrar
Idiomas	Mostrar
Recomendaciones	Mostrar

4 **Decide** quién puede descargar tu correo electrónico cuando las personas descarguen los datos de sus contactos. **En lo personal, tengo mi correo electrónico visible para mis contactos y no permito que lo descarguen a bases de datos porque te pueden inundar de spam.**

5 En "contactos" te sugiero que no los dejes visibles. **Nadie quiere "regalar" su red, ¿verdad?**

6 **También puedes bloquear personas que no deseas que vean tu perfil.**

7 En "Visibilidad de tu actividad en LinkedIn", **te sugiero que desactives la opción de "Compartir actualizaciones del perfil con tu red".** Hazlo mientras estés haciendo ajustes y cambios y vuelve a activarla antes de compartir algo importante que desees que LinkedIn notifique a todos tus contactos, como por ejemplo un cambio de trabajo o un logro.

8   Aquí tienes la opción de "Seguidores" donde podrás escoger si quieres tener el botón de Seguir o el de Conectar en tu perfil. **Pero ten en cuenta que si eres "Creador de contenido" (ya veremos luego de qué se trata) y cambias a Conectar, se te desactiva la opción de "Creador de contenido"**

Sigues con la parte de "Privacidad de datos". Aquí es donde escoges cómo LinkedIn usará tus datos, quién puede contactarte, cómo quieres recibir los mensajes, tus preferencias de búsqueda de empleo y la autorización a otras aplicaciones a quienes les hayas dado permiso de acceder a tu cuenta. Por ejemplo, aquellas donde puedes programar la publicación de contenido como Streamyard o Metricool.

Algo interesante es que puedes descargar los datos que te interesen, por ejemplo tu perfil y tus contactos. Te recomiendo que lo hagas cada cierto tiempo para que no pierdas la información si algún día tienes problemas con tu cuenta.

Luego, continúa con los "Datos de publicidad" y las "Notificaciones" que recibes. Sé prudente para que no llenes tu bandeja. Solo lo necesario y lo que te interesa de acuerdo a tus objetivos.

Justo debajo encontrarás algo que LinkedIn nos regala: nuestra insignia, la cual podemos compartir en nuestra página Web, blog, curriculum, etc.

Te la muestro:

⚏ Insignia del perfil público

Promociona tu perfil añadiendo una insignia en tu blog, currículum en línea o sitio web.

Crear una insignia

¡Pica aquí!

Creador de insignia del perfil público

Promociona tu perfil añadiendo una insignia en tu blog, currículum en línea o sitio web.

Al obtener y utilizar el código que aparece a continuación, estás aceptando los **Términos de uso del complemento**

Paso 1: copia y pega el siguiente código en cualquier lugar de tu página (solo necesitas hacerlo una vez)

```
<script src="https://platform.linkedin.com/badges/js/profile.js" async defer type="text/javascript"></script>
```

📋 Copiar código

Paso 2: escoge una insignia de las opciones a continuación, copia y pega el código (incluye un enlace a tu perfil público)

Opciones de la insignia:

Pequeña	Mediana	Grande	Extragrande

Linkedin

Carol Handal de Zummar
¡AYUDO a profesionales de compras y mantenimiento a COMPRAR MEJOR | Colaboraciones estratégicas | Proveedor de Insumos Industriales y ferretería en Honduras | Ferretería Zummar | Ferretería Zummar S.A. de C.V. | Ferretería Especializada Industrial | Aden Business School

Ver perfil

```
<div class="badge-base LI-profile-badge" data-locale="en_US" data-size="medium"
```

📋 Copiar código

Linkedin

Carol Handal de Zummar
¡AYUDO a profesionales de compras y mantenimiento a COMPRAR MEJOR | Colaboraciones estratégicas | Proveedor de Insumos Industriales y ferretería en Honduras | Ferretería Zummar | Ferretería Zummar S.A. de C.V. | Ferretería Especializada Industrial | Aden Business School

Ver perfil

```
<div class="badge-base LI-profile-badge" data-locale="en_US" data-size="medium"
```

📋 Copiar código

Por último, configura la URL de tu perfil:

✚ **Vas a "YO"**

✚ **Ver Perfil**

✚ **Perfil público & URL**

Aquí colocas tu nombre y apellido sin números o símbolos. Si tu nombre ya está tomado, prueba otras variantes. De esta forma tendrás una URL limpia para compartir. Ten en cuenta que Google toma unos días para reflejar este cambio.

Por ejemplo, esta es mi URL :

🔗 **Editar la URL personalizada**

Personaliza la URL para tu perfil.

www.linkedin.com/in/ | caroldezummar

Nota: Tu URL personalizada debe tener entre 3 y 100 caracteres. No uses espacios, símbolos ni caracteres especiales.

Cancelar   **Guardar**

¡Ahora sí, vamos a entrar en acción con tu perfil!

CAPÍTULO 3

INICIEMOS LA TRAVESÍA: IMPACTA CON UN PERFIL QUE TE DIFERENCIE

Imagina que LinkedIn es como un crucero por el océano profesional. Tener un perfil es equivalente a tener un boleto: te da acceso al barco, pero no garantiza que tu viaje será memorable.

Navegar con éxito requiere más que simplemente estar a bordo. Necesitas socializar en las fiestas del barco, participar en actividades y, lo más importante, presentarte a los demás viajeros y a la tripulación.

En términos de LinkedIn, eso significa interactuar: publicar, comentar, compartir y conectar.

Decide, ¿vas a ser un pasajero más o serás el que todo el mundo recuerda? La elección es tuya, pero recuerda: Si no sales, las oportunidades pasarán de largo.

TU PASAPORTE AL ÉXITO

PERFILA TU IDENTIDAD EN LinkedIn

Aprovecha cada sección de tu perfil en LinkedIn:

- Banner
- Foto de perfil
- Titular
- Acerca de
- Destacados
- Experiencia
- Educación
- Licencias y certificaciones

- Voluntariado
- Conocimientos y Aptitudes
- Recomendaciones
- Publicaciones
- Cursos
- Idiomas
- Intereses

Banner

Apoyo a los profesionales de **compras y mantenimiento** a tomar decisiones informadas en la adquisición de insumos de ferretería y equipos industriales.

Foto de perfil

Carol Handal de Zummar 🔊

|AYUDO a profesionales de compras y mantenimiento a COMPRAR MEJOR | Colaboraciones estratégicas |Venta de Insumos industriales y ferretería en Honduras |

Temas que suele tratar: #compras, #linkedin, #industria, #ferreteria y #mantenimiento

San Pedro Sula, Cortés, Honduras · **Información de contacto**

Recursos - COMPRA MEJOR 🛒 ↗

3563 seguidores · **Más de 500 contactos**

Tengo interés en...   **Añadir sección**   **Más**

Ferretería Zummar S.A. de C.V. | Ferretería Especializada Industrial

Aden Business School

Titular

Prestar servicios
Consultoría de marketing y Consultoría empresa... ✎
Mostrar detalles

Comparte que estás buscando personal y atrae ✕
a candidatos cualificados.
Comenzar

Destacado   + ✎

Destacado

Publicación
...o se trata de **licitaciones**, ...isis estratégico es clave...

Manejo estratégico de Licitaciones

Ing. Carol H. de Zummar

Amzar Javier Tapias Lobatt

Manejo Estratégico de Licitaciones

👍❤️👏 5

Publicación
¡Estamos muy felices de anunciar nuestro **nuevo espacio**...

PREGUNTA AL EXPERTO

RESUELVE TUS DUDAS
DE COMPRAS Y ABASTECIMIENTO

Lunes con Pamela Peña

👍❤️👏 27 · 9 comentarios

Enlace

PLANTILLA DESCARGABLE
Visualiza y planifica en un solo lugar el mantenimiento de tu equipo

Visualiza y Planifica en un solo lugar el mantenimiento de tus...
promociones.zummar.com
Te queremos compartir una **plantilla práctica** que hemos preparado para tu departamento de **#mantenimiento**.
📌 Esta plantilla es un cuadro de mando donde podrás visualizar...

Actividad
3.562 seguidores

Actividad y/o Publicaciones

Crear una publicación ✎

Publicaciones   Vídeos   Imágenes   Newsletter   Eventos   Más ▼

Carol Handal de Zummar ha publicado esto · 1 hora

¿Conoces las claves para negociar con éxito?
Carol Handal de Zummar en LinkedIn · 7 min de lectura

👍 5   2 comentarios · 1 vez compartido

Carol Handal de Zummar ha compartido esto · 22 horas

🙂 ¿Alguna vez te has preguntado **cómo manejar los riesgos asociados con el proceso de licitación** en tu empresa? La respuesta no es tan simple como podría parecer. ...   ... mostrar más

🎥 En directo: jue. · Mediodía
Manejo Estratégico de Licitaciones

Acerca de

Apoyo a profesionales [...] y mantenimiento de las empresas a COMPRAR MEJOR.

Y ¿cómo lo hago?
...

Acerca De

... ver más

💎 **Aptitudes principales**
Apoyo a mis clientes a encontrar soluciones a sus necesidades de equipos industriales · LinkedIn · Negociación de compra · Desarrollo de oportunidades de negocio

Experiencia

Experiencia

+ ✏️

Directora Comercial | Te apoyo para facilitar tu gestión en la compra de insumos industriales
Ferretería Zummar S.A. de C.V. | Ferretería Especializada Industrial · Jornada completa
1990 - actualidad · 33 años 9 meses
San Pedro Sula , Honduras

Desde 1990 que comencé a conocer este mundo de la ferretería me ha apasionado ⚙️✖️🔧.
Quizás te preguntes por qué? ... ...
... ver más

Aptitudes: Desarrollo de oportunidades de negocio · Apoyo a mis clientes a encontrar soluciones a sus necesidades de equipos industriales · Gestión comercial · Negociación de compra · Brindo atenci ... ver más

Consultoría, estrategia y formación en LinkedIn para compradores
Profesional Independiente · Jornada parcial
mar. 2023 - actualidad · 7 meses
Honduras · En remoto

He encontrado que una de mis pasiones es ayudar, compartiendo mi conocimiento.
Por eso ayudo a los compradores industriales a comprar mejor y a destacar en LinkedIn. ...
... ver más

Aptitudes: LinkedIn Ghost Writer · Estrategia · LinkedIn Marketing · Social Selling

Educación

Educación

+ ✏️

Aden B[...]
Executive MBA, Maestría Ejecutiva con doble especialización en Dirección Comercial y en Dirección Estratégica
2016 - 2017
Actividades y grupos: Aden Alumni

Postgrado presencial en Administración de Empresas donde tuve la oportunidad de recibir las clases de profesionales de España, Argentina y Colombia con una reconocida trayectoria en el área de direc ... ver más

Aptitudes: Negociación de compra · Compras · Business Strategy · Logistics · Sales · Strategic Planning · Estrategia empresarial · Negociación con proveedores · Customer Service · Trabajo en equipo · N[...] ver más

Universidad Privada de San Pedro Sula - USAP
Ingeniero Industrial, Ingeniería Industrial
1986 - 1991
Actividades y grupos: Organizadora de los primeros Simposium de Ingeniería de la USPS

Mi formación como Ingeniero Industrial me ha permitido entender este mundo de la ferretería industrial al conocer diferentes temas relacionados con el uso y funcionamiento de los productos que maneja ... ver más

Licencias y certificaciones   +   🖊

Business Network Manager   *Licencias*
Aprendamos   *y certificaciones*
Expedición: jun. 2023

Aptitudes: LinkedIn Ghost Writer · LinkedIn Marketing · LinkedIn · Business Strategy · Social Selling

Creación de contenidos para redes sociales
DETRÁS DE LA VENTA B2B
Expedición: feb. 2023

Aptitudes: Estrategia · LinkedIn Marketing · Business Strategy · Social Selling

Voluntariado   +   🖊

Miembro de la Junta Directiva Ad Honorem | Voluntaria
FUNDACION AMIGOS DE GUARDERIAS INFANTILES
ene. 2005 - actualidad · 18 años 9 meses
Infancia

"El futuro de los niños es HOY ...mañana será tarde" Gabriela Mistral
...   ... ver más

Conocimientos y aptitudes   *Conocimientos y*   +   🖊
                                           aptitudes

Desarrollo de oportunidades de negocio

Directora Comercial | Te apoyo para facilitar tu gestión en la compra de i... ...... Ferretería
Zummar S.A. de C.V. | Ferretería Especializada Industrial

Validada por 5 personas en los últimos 6 meses

5 validaciones

Apoyo a mis clientes a encontrar soluciones a sus necesidades de equipos industriales

Directora Comercial | Te apoyo para facilitar tu gestión en la compra de insumos industriales en Ferretería
Zummar S.A. de C.V. | Ferretería Especializada Industrial

8 validaciones

TU FOTO

En este viaje, la foto de perfil es tu pasaporte: es lo primero que la gente ve y lo que te identifica.

Asegúrate de que ese "pasaporte" refleje quién eres, de forma que si te conocen vean que eres la misma persona.

Piensa en esto: si con una foto sientes que te han engañado, ¿no te generará desconfianza para hacer negocios después?

He visto en algunos perfiles de quienes he apoyado, que tienen fotos con "cara de pocos amigos" , o tienen una foto de la graduación de la escuela (y ya tienen más de 38 años), o colocan una foto en la playa o con amigos.

Recuerda que LinkedIn no es Facebook ni Instagram. Es una red profesional.

Y ¿qué debe tener esa foto? una sonrisa genuina, una vestimenta acorde a tu campo laboral y una calidad que te haga destacar entre la multitud. No necesitas que sea hecha por un fotógrafo profesional.

Al igual que no llevarías una mochila rota a un

viaje importante, no subestimes el poder de una imagen de alta calidad.

Esta foto te acompañará en tus publicaciones, en tus comentarios, en tus mensajes.

Te daré algunas recomendaciones:

1. **Graba tu foto con tu nombre,** para que, al momento de subir el archivo, Google te encuentre por ahí también.

2. **Trata de que tu cara ocupe entre el 50% y el 60% del espacio.**

3. **Usa tu cara;** no tu mascota, ni una foto cortada de una foto de grupo, demasiado lejos, con anteojos oscuros o mascarilla, entre otras cosas.

4. **Cuida el fondo.** Te sugiero que sea un color neutro que no compita con tu banner.

5. **No uses un logo como foto en tu perfil personal.**

6. **Medidas 400 x 400 px y no más de 8Mb.**

7. **Que esté de acuerdo a tu personalidad y a lo que te dedicas.** Por ejemplo, si eres un marketer creativo no iría una foto en saco y corbata.

Puedes usar herramientas de análisis como www.snappr.com/photo-analyzer/ para hacer un "chequeo de seguridad" antes de "embarcar". Aquí te darán una puntuación del 1 al 100, un análisis y sugerencias para mejorarla.

Te daré unas herramientas que puedes utilizar:

1 **Canva.com y usas la plantilla para fotos de LinkedIn.**

2 **Phpmaker.com, que te da opciones de fondos.**

3 **Remove.bg, para eliminar el fondo de una foto**

Estos son ejemplos de lo que **no** debes hacer:

Aquí te dejo unos ejemplos de fotos de perfil más profesionales:

¿Cómo puedes agregar o cambiar una foto en el perfil?

➕ **Ve a tu perfil**: haz clic en tu foto de perfil o en el icono de perfil (si aún no has añadido una foto), o en **Yo** abajo de tu foto.

➕ Haz clic en **Ver perfil.**

+ Haz clic en la foto de tu perfil.

+ Haz clic en **Ver o editar foto de perfil.**

¡Pica aquí!

+ Haces clic en **Editar.** Aquí puedes recortar, usar filtros, enderezar o hacer zoom a tu foto.

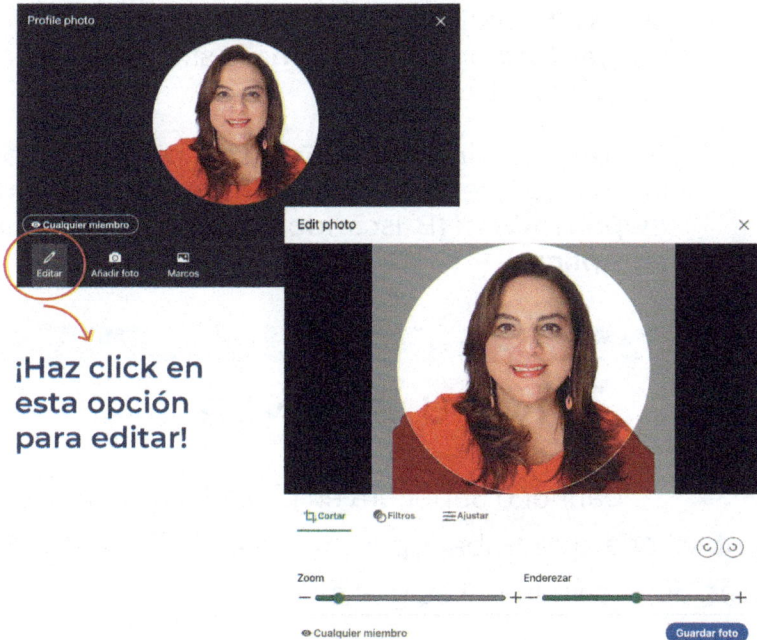

¡Haz click en esta opción para editar!

También puedes cambiar la visibilidad de la foto. Te sugiero que la dejes como "Cualquier miembro".

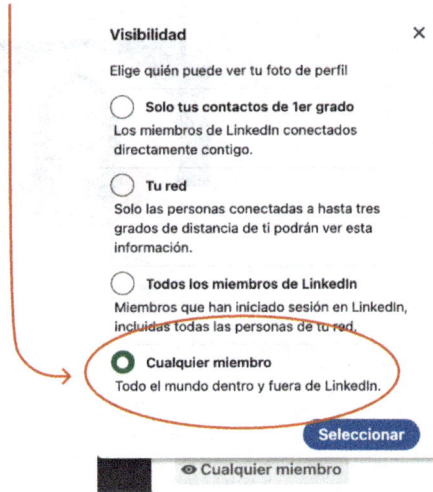

+ Recuerda hacer clic en **Guardar foto.**

+ Si vas a la opción **Añadir foto,** haces clic en **Cargar foto** o en **Usar cámara** si deseas tomar directamente la foto.

+ Puedes añadir **Marcos.** Con esto pones una banda en tu foto que puede ser **#Hiring** (Contratando) o #OpenToWork (Buscando trabajo). Y luego das clic en **Aplicar.**

TU BANNER

Tu banner o cabecera en LinkedIn es como una valla publicitaria que trabaja para ti las 24 horas del día, los 7 días de la semana ¡y es gratis!

¿La estás aprovechando?

Recuerda que tienes 3-5 segundos para captar la atención de quienes visitan tu perfil y diferenciarte del resto.

El banner te da la oportunidad de generar confianza, credibilidad, dejar claro qué haces y a quién ayudas.

> *Te permite ser el narrador de tu propia historia y mostrar al mundo cómo puedes ayudarle con lo que haces.*

Te daré unos consejos:

1. **Proporciona información relevante a simple vista.**

2. **Comparte tu promesa de valor.**

3. **Usa un fondo de color plano** que no distraiga y la atención se centre en el mensaje.

4. Puedes incluir diferentes elementos de acuerdo a tu estrategia y objetivos. **Escoge los que sea relevantes:** logo de tu empresa (sobre todo si es marca personal) , beneficios que ofreces, una frase que te identifique y se relacione a lo que haces, tu foto dando una clase o una charla si es lo que quieres potenciar, una foto tuya en tu oficina que refleje tu dia a dia como comprador.

5. **Utiliza canva.com** para diseñar fácilmente tu cabecera, usando las plantillas que te ofrece.

6. **Recuerda que "menos es más".** No la sobrecargues para que transmitas el mensaje de forma clara.

7. Alinea los textos al lado contrario de tu foto de perfil para que no corte ni compita con ella.

8. **Dimensiones : 1584 x 396 px.** Máximo 4Mb.

9. Extensiones recomendadas: **PNG, JPG**

10. **Grábalo con tu nombre** antes de subirlo.

Te comparto ejemplos de banner para que te inspires:

Paso a paso para subir tu banner:

+ **Ve a tu perfil.**

+ **Haz clic en el lápiz del banner.**

+ Aquí puedes subir la imagen y ajustar lo que sea necesario. Al final recuerda hacer clic en **Aplicar.**

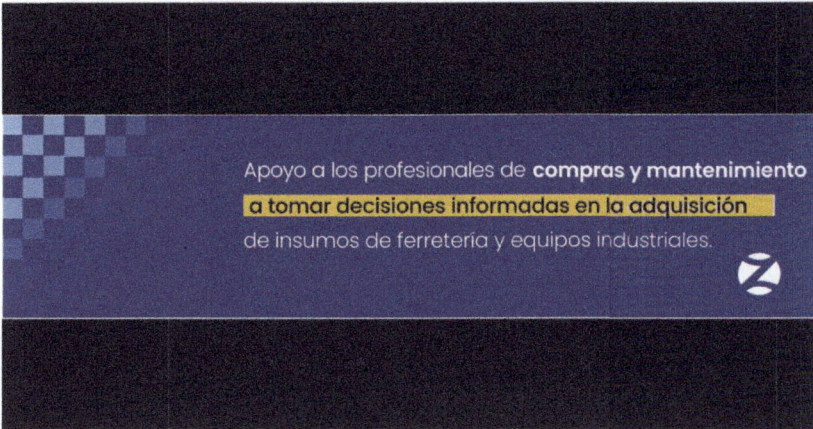

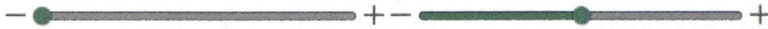

TU TITULAR

El titular es lo que te diferencia y te acompaña a todas partes en LinkedIn. Es la frase más importante en tu perfil. No lo desperdicies poniendo tu cargo o dejándolo vacío.

Piensa un momento: Si tu titular dice "Jefe", "Director", "Comprador" o "En búsqueda de empleo" ¿esa información cuenta algo relevante sobre cómo puedes ayudar a quien te lee?, ¿a qué sector perteneces?, etc.

Tu titular está en la primera parte de tu perfil , por lo que **puede marcar la diferencia entre que alguien continúe viendo tu perfil o siga de largo.**

El titular te sigue a todas partes. Aparece cada vez que comentas, cuando haces publicaciones, cuando interactúas en otros perfiles, en los resultados de búsquedas, en las recomendaciones, etc.

Te daré unos consejos para que te diferencies con esta sección:

1. **Tienes 220 caracteres con espacios para dejar claro lo que haces.** Puedes colocar tu cargo si es relevante. También puedes usar tus palabras clave. El contenido de tu titular debe responderle a la persona que te lee: *"¿qué puede hacer él o ella por mí?".*

2. Usa este símbolo **"|"** como separador de ideas.

3. **Cada palabra tendrá peso para posicionarte en Google.** Coloca solo aquellas por las que te interesa ser encontrado.

4. **Es dinámico,** lo puedes ir ajustando de acuerdo a tus objetivos.

5. Haz que se **complemente con la información del banner.** No repitas lo mismo.

6. A menos que tu empresa sea conocida a nivel mundial, **poner solo tu cargo,** así sea el de Gerente, **no es relevante.**

APROVECHA LA INTELIGENCIA ARTIFICIAL PARA QUE TE DÉ IDEAS.

Puedes dar a Chat Gpt un rol. Ejemplo:

> *"Actúa como un especialista en **Linkedin y Social Selling.** Soy **[tu cargo y experiencia como contexto].** Mi público objetivo es **[describe a tu cliente ideal].** Escribe 5 ideas de titulares para mi perfil de Linkedin, utilizando las siguientes palabras clave **[enumera tus palabras clave].** Usa "|" para separar cada idea. Te daré un ejemplo de estructura:*
>
> *"| **Comprador de Materias Primas en Industria Pajarito | Asegurando suministros de alta calidad para impulsar la innovación en productos alimenticios |"***

Puedes usar la estructura de algunos de estos ejemplos para redactar tu Titular de LinkedIn.

1 ● **Ayudo a** _____ **a conseguir** _____

a través de _____ .

Este es el titular que utilizo yo en este momento:

Carol Handal de Zummar 🔊

|AYUDO a profesionales de compras y mantenimiento a COMPRAR MEJOR | Colaboraciones estratégicas |Venta de Insumos industriales y ferretería en Honduras |

2 ● | Tu profesión | A quién ayudas y qué consiguen |

Ej: | Comprador Estratégico en Energía | Facilitando a empresas la transición a fuentes de energía renovable de manera coste-eficiente |

Ej: | Comprador de Materias Primas en Industria Pajarito | Asegurando suministros de alta calidad para impulsar la innovación en productos alimenticios |

3 ● | Tu posición | especialización | público objetivo | beneficio tangible |

Ej: |Director de Compras en Pajarito | Especialista en Licitaciones | Ayudo a PYMES a cerrar mejores contratos | Ahorro del 20% en Costos |

Ej: |Director de Compras en Pajarito | Negociaciones Imbatibles | Foco en Grandes Licitaciones | Aumenta tu rentabilidad|

Te doy un ejemplo : imagina que eres un comprador con más de 10 años de experiencia en el sector de alimentos y eres especialista en estrategias ágiles. ¿Crees que sería lo mismo que digas que eres *"Comprador en Pajarito SA"* o que digas *"|Comprador experto en el sector de alimentos | Aplico estrategias ágiles para una cadena de suministros eficiente|"* o *"|Experto en Supply Chain y Negociaciones | Más de una década impulsando la excelencia en compras para el sector alimenticio aplicando estrategias ágiles|"*

No hay fórmulas mágicas y ninguna está escrita en piedra. Utiliza la estructura que se acomode mejor a tu información.

DE CONTACTO

LinkedIn es tu amigo y quiere que destaques. Para eso te da herramientas como: tus datos de contacto y la posibilidad de agregar hasta tres enlaces Web dentro de tu perfil.

Una función que me gusta mucho, porque puede ayudarte a lograr tus objetivos, es la que te permite colocar hasta tres URL o enlaces Web en tu información de contacto. Estos enlaces pueden ser: tu página Web , un enlace a tu blog, la Web de la empresa, etc.

Sé estratégico y coloca palabras clave en la descripción de cada enlace, así ayudarás a tu posicionamiento.

Además, puedes compartir en **"Información de contacto"** tu email, teléfono (opcional) , etc. Así facilitas que las personas interesadas contacten contigo.

¿Dónde encuentras la sección "Información de contacto"?

➕ Haz clic en Yo.

➕ Haz clic en Ver perfil.

➕ Ahora en Información de contacto.

➕ Haces clic en el ícono del lápiz para editar.

➕ Rellenas los campos que deseas incluir

➕ No olvides Guardar.

TUS SERVICIOS

Si ofreces servicios, este es el lugar para colocarlos.

Solo haces clic en el apartado de **Prestar servicios**

en la primera sección de tu perfil y completas la información que te pide.

Quizás aún no veas todas las opciones, pero escoge el que más se ajuste. Seguro que LinkedIn, poco a poco, va agregando más opciones.

Edita tu página de servicios ✕

Servicios prestados*

Consultoría de marketing ✕   Consultoría empresarial ✕

+ Añadir servicios

Acerca de

¿Eres **director, consultor o profesional de compras** y quieres **destacar en Linked**in?

Puedo ayudarte. 😊

499/500

Ubicación (Selecciona todas las opciones que correspondan)*

☑ San Pedro Sula, Cortés

☑ Puedo trabajar en remoto

Precios *

Elige cómo quieres mostrar la información sobre tarifas en tu página. **Más información**

○ A partir de

Moneda   Tarifa por hora

USD   ▾

⦿ Consultar precios

Visibilidad de las reseñas   Los miembros de LinkedIn 🔘

Guardar

ESCRIBAMOS TU "ACERCA DE"

Imagina que entras en una sala llena de gente. Algunas personas te miran, pero nadie sabe quién eres. Ahora imagina que alguien se te acerca y te dice que tienes unas 350 palabras (2,600 caracteres) para presentarte y, con esto, lograr que las personas te recuerden y quieran interactuar contigo profesionalmente.

Eso es lo que hace el extracto o "Acerca de" de LinkedIn.

> *Ten en cuenta que es la "introducción a tu historia", pero enfocada hacia lo que puedes aportar a los demás.*

No solo hables de tus habilidades y experiencia, también cuenta cuál es tu valor intrínseco y lo que puedes hacer por los demás. Nunca olvides que esta sección la escribes para tu cliente ideal.

Aunque suene mal, a nadie le interesa realmente dónde estudiaste, cuántos años tienes de experiencia o lo maravilloso y talentoso que eres. **Lo que a las personas les interesa saber es "cómo les puedes ayudar".** Eso grábalo en piedra. Tu experiencia vale, únicamente, si les demuestras que has conseguido resultados que les aportarán algún beneficio.

En un mundo lleno de ruido, con millones de personas en la red, el "Acerca de" es también tu oportunidad para diferenciarte.

Por último, piensa en el SEO (Optimización de Motores de Búsqueda). LinkedIn también es un motor de búsqueda para profesionales. **Un buen extracto debe estar lleno de palabras clave** (usadas de forma coherente y sin hashtags) que querrías que la gente use para encontrarte. No lo dejes en blanco ni escribas menos de 40 palabras porque no será incluido en las búsquedas.

¿CÓMO ESCRIBIR UN "ACERCA DE" EFECTIVO?

Te daré algunos consejos:

1. **Capta la atención de tu público** objetivo en las primeras 3 líneas (unos 230 caracteres) para que quieran leer más.

> Acerca de ✎
>
> **Apoyo a profesionales en el área de compras y mantenimiento de las empresas a COMPRAR MEJOR.**
>
> Y ¿cómo lo hago?
>
> ...
>
> ◈ Aptitudes principales
> Apoyo a mis clientes a encontrar soluciones a sus necesidades de equipos industriales · Linkedin · Negociación de compra · Desarrollo de oportunidades de negocio

2. **Hazte algunas de estas preguntas para reflexionar:**

- ¿Cómo llegué hasta donde estoy ahora?

- ¿Cuáles han sido mis 3 mayores logros?

- ¿Qué me apasiona?

- ¿Qué es lo más importante que quiero que sepan sobre mí?

- ¿Qué me hace diferente a otros profesionales del mismo sector?

¿Qué acción quieres que tomen las personas después de que lean tu "Acerca de"?

3 ● **Genera confianza y credibilidad con tu historia. Debe ser real y conectar con quien te lee.**

4 ● **¿En primera o en tercera persona?** Desde mi punto de vista, la primera persona es más personal y conversacional. La tercera persona es como si alguien más escribiera esto sobre ti. Pero es una desición tuya que debe reflejar tu personalidad.

5 **No desperdicies esta oportunidad** copiando lo que ya dijiste en tu titular o en tu banner. **Aquí tienes 2600 valiosos caracteres que aprovechar.** Puedes usar el contador de Word o herramientas gratuitas como www.contarcaracteres.com/ para calcular tus caracteres.

6 **Comienza con un gancho que cuente la historia de por qué haces lo que haces y tus motivaciones.** O una frase que te describa y abra la conversación. También puedes empezar con tu experiencia laboral, **pero siempre enfocado a cómo eso puede ayudar a quien te lee.** Genera curiosidad.

7 **No uses frases vacías** como *"Soy un experto en compras muy motivado y con gran experiencia".*

8 **No hables de lo que tu empresa ofrece.** Para eso están las páginas de empresa y los post. Aquí hablamos de ti , de tu marca personal y de cómo tú ayudas.

9 **No lo escribas con el estilo de un Currículum,** con todos los *bulletpoints* de tus logros. (Podrás adjuntar tu CV si lo deseas). Ni "grites" que buscas trabajo en esta sección.

10 Al final, **escribe una llamada a la acción** donde comuniques cuál deseas que sea el siguiente paso de quien te lee. Esto debe estar alineado a tus objetivos.

11 **Revisa tu texto y evita los errores de ortografía.**

12 Si deseas, **escoge tus 5 "Aptitudes" más relevantes** para mostrar aquí.

TIP SI ESTÁS BUSCANDO TRABAJO: en la llamada a la acción puedes decir que estás buscando un puesto en el tema de compras o cadena de suministro que te interese, unido a tu pasión.

TIP SI AÚN NO TIENES EXPERIENCIA DE TRABAJO: te sugiero comenzar hablando sobre tu pasión , por qué haces lo que haces , por qué estudias (o estudiaste) esa carrera, qué te motiva. Y, aunque no lo creas, tienes varias oportunidades de demostrar tus habilidades y logros.

Por ejemplo, puedes contar:

- **Si has participado en algún evento o voluntariado en la universidad o en alguno de tus hobbies, eso mostrará que no te asustan los retos.**

- **Si apoyas una causa en tu tiempo libre, ayudará a demostrar tu compromiso.**

- **Si trabajabas y estudiabas al mismo tiempo, demuestra tu compromiso y capacidad para trabajar.**

- **Si participaste en un estudio relacionado al campo en el que te quieres desenvolver , cuenta sobre ello.**

- **Si eras el líder de tus grupos de trabajo, demuestras que puedes trabajar en equipo y tienes capacidad de liderazgo.**

DE COMPRADOR INVISIBLE A INFLUYENTE

Luego destacas tus objetivos y un llamado a la acción: ¿qué quieres que hagan ahora?, ¿cómo pueden contactarte?

Ahora ya tienes algunas ideas. Es hora de comenzar a escribir tu "Acerca de" para diferenciarte, sin excusas.

Este es un ejemplo de estructura para tu "Acerca de":

- **Tu pasión de forma que enganche y genere curiosidad.**

- **Tus logros en forma de viñetas (lo más relevante para el objetivo que buscas).**

- **¿Qué puedes aportar gracias a eso?**

- **Un poco más sobre ti (tus hobbies).**

- **Llamada a la acción.**

- **Coloca algún archivo multimedia,** como un video corto hablando sobre ti y por qué eres la mejor opción, sin ego pero con seguridad. (Lo subes a tu canal de youtube en privado y colocas el enlace), un trabajo que publicaste que no sea confidencial, etc.

APROVECHA LA INTELIGENCIA ARTIFICIAL PARA QUE TE DÉ IDEAS.

Recuerda siempre reescribir usando tu propia voz y estilo de comunicación.

En Chat GPT puedes escribir un prompt como este :

"Escribe un extracto para mi perfil de LinkedIn **de máximo 2,500 caracteres.** *Resalta cómo puedo ayudar a* **[tipo o sector de las empresas en que te especializas]** *con mis conocimientos y experiencia de más de* **[X años]** *en el sector .* **Para esto te daré algunas instrucciones:** *No escribas el extracto como un currículum vitae. En lugar de eso, narra una historia que conecte con el lector. No utilices frases genéricas o vacías. Organízalo en frases cortas y fáciles de leer, usando viñetas o listas, para facilitar la información . No repitas la misma información en el extracto, sé creativo pero profesional. Escribe hablando de "tú" en primera persona, deja de lado el ego y hazlo con* **[tu público objetivo]** *en mente y cómo le puedo ayudar.* **Comienza el extracto capturando la atención en las primeras 3 líneas (aproximadamente 230 caracteres).** *Ahora te daré un contexto: Mi nombre es* **[nombre].** *Trabajo en* **[tipo de empresa y cargo]** *y tengo experiencia en* **[escribe tus áreas de mayor experiencia].** *Mi pasión es* **[hobbies que puedan aportar algo en tu desempeño].** *Recientemente logré* **[nombra logros si es posible con porcentajes o números que no sean datos confidenciales].** *Me gustaría conectar con* **[empresas del sector de xxx en xx lugar].** *Si necesitas más información no dudes en preguntarme."*

Te comparto mi extracto como ejemplo si quieres inspirarte en él (no utilicé IA en el momento que lo escribí) , pero recuerda que cada persona es única y tienes un gran valor que aportar, sin importar si eres un experto o si estás recién graduado.

Debes dar clic en
el lápiz para editar.

Acerca de

Apoyo a profesionales en el área de compras y mantenimiento de las empresas a COMPRAR MEJOR.

Mi solución

Y ¿cómo lo hago?

✅ Compartiendo conocimiento sobre la gestión de compras
✅ Contando algunas experiencias con mis clientes
✅ Mostrando los usos y especificaciones de compra de diferentes productos industriales
✅ Enseñándote a utilizar LinkedIn para optimizar tu trabajo
✅ Con mis servicios de LinkedIn Ghostwriter aplicando mi Metodología PIL.
✅ Facilitando la comunicación y negociación con nuestros clientes, construyendo relaciones a largo plazo
✅ Con un amplio stock y rápido servicio.

Cómo ayudo

Más de 30 años de experiencia en el mundo de la ferretería industrial me permiten ayudarte a facilitar tu gestión.

Pero el mundo de la ferretería industrial no era amigable con las mujeres hace 30 años que comencé esta aventura...

Te cuento:

Mientras estudiaba mi carrera de ingeniería industrial, me visualizaba trabajando en el área productiva de una fábrica, pero el destino me tenía preparado otro escenario.

Me casé a los 20 años y comencé a trabajar en el negocio familiar de mi esposo. En general era un mundo de hombres.

Presentación
y mi por qué hago lo que hago

Sabía que debía ganarme el respeto profesional del equipo. Me preguntaba ¿Qué podía yo a llevaban más de 30 años en un negocio en donde la mayoría eran hombres? 🤷

Comprendí que el secreto estaba en compartir mi conocimiento para apoyarles en su trabajo y al mismo tiempo, valorar y aprender de su experiencia... De esa forma, con el tiempo, logramos formar un gran equipo ganador.

En este camino ha sido fundamental la preparación y el estudio para aportar valor a quienes me rodean.

Trabajando a través del tiempo en diferentes áreas del negocio, he acumulado conocimiento y experiencias.

Esto me hizo descubrir realmente mi pasión, combinando dos de las cosas que más disfruto: ayudar a los demás y compartir mi conocimiento.

Si te encuentras en el mundo de las compras industriales y sientes que pued~~~~~~~~~~~ que puedo aportar valor a tu empresa, no dudes en contactarme.
Estoy aquí para ayudarte a que tu gestión sea más fácil y eficiente.

Hablo del dolor
y de mi cliente ideal

📍 Si deseas hablar conmigo , llámame al (504) 2516-1100 o escríbeme a chz@zummar.com

Llamado a la acción!

💎 **Aptitudes principales**
Apoyo a mis clientes a encontrar soluciones a sus necesidades de equipos industriales · LinkedIn · Negociación de compra · Desarrollo de oportunidades de negocio

5 aptitudes principales

Recuerda facilitar la lectura, escribiendo en párrafos. A nadie le gusta leer un bloque de texto.

Dale "ritmo" a tu extracto usando frases cortas, algunas **negritas** para resaltar algo importante, subrayado, letra itálica, usa viñetas o guiones e incluso algún emoji sutil para enumerar datos. Por ejemplo: ✔🟢✅📌📍

Puedes aplicar las negritas, subrayado y usar emojis escribiendo tu texto en www.triunfagram.com/spacegram. Lo editas como más te guste y presionas "convertir y copiar" y luego lo pegas en LinkedIn. Usa este recurso con prudencia, ya que podrías volver el texto complicado de entender y obtener el efecto contrario al esperado, ya que **no será fácil de leer ni para tus lectores, ni para el algoritmo.**

Un último consejo: no escribas en "spanglish". Recuerda que es tu imagen profesional. Esto también aplica para el tipo de contenido que compartes. Recuerda que LinkedIn es una red profesional y tus publicaciones deben estar en ese tono. Sí puedes compartir información personal, pero siempre que aporten valor a tu comunidad y tengan un mensaje que se relacione con tu trabajo o experiencia.

"CREADOR DE CONTENIDO"

Quiero comenzar aclarando que esto no te funciona solo si eres "influencer o blogger". De hecho, hay más de 10 millones de usuarios con esta función activa en la red.

El modo creador de contenido en LinkedIn te permite "ir un poco más adelante" en tu estrategia. Te abre funciones exclusivas si realmente estás comprometido en sacar el mayor provecho a la plataforma y al potencial de tu marca personal.

Si no deseas conocer y aplicar el modo "Creador de contenidos", puedes pasar a la siguiente sección.

Pero si esta opción te genera curiosidad, te cuento algunos de sus beneficios:

- Cuando activas esta función, **tu contenido tiene la oportunidad de aparecer en los resultados de búsqueda dentro de la plataforma** y, además, se muestra en las páginas de inicio de usuarios que tal vez aún no forman parte de tu red de contactos. Esto significa que puedes llegar a profesionales, expertos de la industria, reclutadores y posibles proveedores que de otra manera no tendrían la oportunidad de interactuar con tus publicaciones.

- **Te permite colocar 5 conceptos** en forma de hashtags referentes a los temas de los que hablas en tu perfil y eso te ayuda a posicionarte. Utilízalos en tus publicaciones cuando se relacionen con ellos.

- **Fomenta la interacción con tu red** dándote acceso a herramientas como Newsletter, Lives, eventos de audio, etc.

- **Puedes acceder a datos sobre el rendimiento de tu contenido,** como las visualizaciones del perfil, apariciones en búsqueda, impresiones de la publicación y seguidores.

- **El botón "Conectar" se convierte en "Seguir".** Pero no te preocupes, porque la opción de "Conectar" la pueden encontrar en los 3 puntitos de al lado.

- **Presenta la sección de "destacados" en la parte superior de tu perfil** y muestra tu contenido más reciente. Los destacados también aparecen en los resultados de búsqueda de LinkedIn y en las páginas de inicio de otros usuarios.

Para empezar a usar el modo "Creador de contenido", sigue estos pasos:

- Ve a tu perfil de LinkedIn.

- Haz clic en **"Modo creador".**

- Sigue las instrucciones en pantalla para activar el modo creador.

- Una vez activado el modo creador, puedes empezar a compartir tu contenido con una audiencia más amplia.

DE COMPRADOR INVISIBLE A INFLUYENTE

LOS "DESTACADOS"

A esta sección la puedes considerar tu propia "cartelera de cine". Tienes la opción de resaltar hasta cinco elementos de contenido en tu sección de destacados.

Esto puede incluir una variedad de formatos, comos:

- **Artículos**
- **Vídeos**
- **Podcasts**
- **Presentaciones**
- **Libros electrónicos**

Si aún estás estudiando o te acabas de graduar, puedes colocar:

- **Tu trabajo final o tesis.**

- **Un video de colaboración o ponencia.**

- **Una presentación sobre algún tema relevante.**

- **Enlaces a premios que recibiste.**

- **Entrevistas que te hicieron, etc.**

La función de destacados sirve como un escaparate para presentar tu material más importante.

Además, se convierte en un instrumento poderoso para captar nuevos seguidores y fomentar un mayor nivel de interacción con tu contenido.

Para sacar el máximo provecho de tus destacados, considera las siguientes recomendaciones:

1. **Comparte aquello que más llame la atención sobre tu trabajo:** un proyecto que realizaste, una publicación en la que has participado, un evento que tendrás, un artículo sobre una conferencia, etc.

2. **Emplea imágenes y vídeos de alta resolución** para capturar el interés de los visitantes.

3. **Redacta encabezados y descripciones persuasivas** que motiven a los usuarios a interactuar con el contenido.

4 ● **Mantén tus destacados actualizados** para ofrecer a tus seguidores material relevante para explorar.

Para agregar un destacado a tu perfil de LinkedIn, sigue estos pasos:

+ Ve a tu perfil de **LinkedIn.**

+ Haz clic en el botón **"Añadir sección".**

+ Selecciona la sección **"Destacados".**

+ Haz clic en el botón **"+"** o **"Añadir destacado".**

+ Selecciona el tipo de destacado que quieres agregar.

+ Añade el contenido del destacado.

+ Haz clic en el botón **"Guardar".**

Puedes editar o eliminar los destacados en cualquier momento dando clic en el lápiz.

Puedes cambiar el orden de tus archivos destacados, presionando en las flechitas y se te abrirá una pestaña como la que te muestro a continuación:

Aquí puedes moverlos hacia arriba o abajo usando las tres rayitas a la derecha.

Si la publicación que deseas resaltar es más antigua, ve a ella y en los tres puntitos marca "Destacar en la parte superior de tu perfil".

Imagina que una persona ve un contenido o comentario tuyo, ve tu foto y clica para ver tu perfil. ¡Ya llamaste su atención!

Ahora verá tu banner y luego tu titular. Si le interesó bajará a tu "Acerca de" (el cuál leerá si captas su atención en las primeras 3 líneas) y verá tus destacados. Aquí ya es muy probable que decida seguirte o conectar contigo. ¿Ves la importancia de trabajar esta primera parte de tu perfil con estrategia?

Continuemos el viaje por tu perfil resaltando tus experiencias y logros.

CONSTRUYE TU LEGADO PROFESIONAL

Podríamos decir que esta parte de tu perfil es lo más parecido a tu currículum. Aquí destacamos:

- **Tu experiencia**
- **Tu educación**
- **Tus licencias y Certificaciones**
- **Si has hecho voluntariado**
- **Tus conocimientos y Aptitudes**
- **Las Recomendaciones**

Si alguna de estas secciones aún no te aparece, anda a la parte superior de tu perfil, abajo del titular, donde dice Añadir Sección. Ahí podrás agregar las que te hagan falta.

TU EXPERIENCIA. CADA PARADA UN APRENDIZAJE

Tu **Experiencia** en LinkedIn no es solo una sección más de tu perfil. Es el escaparate donde muestras tu trayectoria profesional, competencias y triunfos personales.

Fue creada para que completes tu experiencia de trabajo, pero tú quieres sacarle el mejor provecho y por eso te mostraré cómo hacerlo para diferenciarte.

Te daré algunos consejos:

1. **Cuenta tu historia laboral.** ¿Qué has hecho? ¿En qué eres bueno? Si has tenido muchos trabajos, muestra los más recientes.

2. **En el título escribe tu puesto y un poco más.** Por ejemplo: "Director de compras - Especialista en negociaciones internacionales".

3. **Describe más sobre tu trabajo.** Es decir, qué hacías exactamente y en qué te destacabas.

4. **Muestra tus habilidades y logros** en esos puestos, para que destaque lo mejor de ti.

5. **Puedes tener más de una experiencia en una sola empresa.** Al ingresarlas etiquetando a la misma página de la compañía, LinkedIn las unirá. No te conformes con poner solo tu última posición, demuestra tu crecimiento en la empresa.

6. **Piensa en quién te va a leer.** ¿Qué les gustaría saber?

7. **Intenta no dejar espacios de tiempo vacíos.** Para esto LinkedIn te ofrece la oportunidad de colocar "Descanso profesional" y escoger la razón, si deseas.

8. **Utiliza tus palabras clave en la redacción.**

9. **Menciona logros y, si es posible, da cifras.** Escribe cómo esa experiencia aporta a tu carrera, aprendizajes, etc.

10 **Cuando agregas un nuevo puesto,** LinkedIn te da la opción de notificar o no a tu red. Si no deseas que esta actualización se muestre a tus contactos, puedes desactivarla.

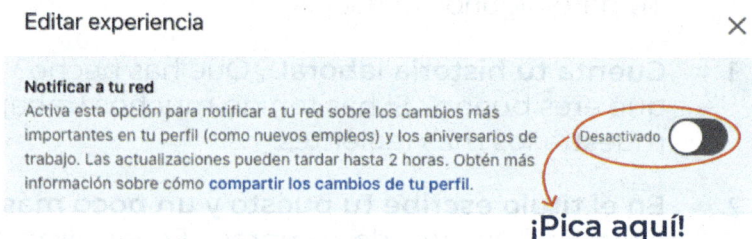

Editar experiencia   ✕

Notificar a tu red
Activa esta opción para notificar a tu red sobre los cambios más importantes en tu perfil (como nuevos empleos) y los aniversarios de trabajo. Las actualizaciones pueden tardar hasta 2 horas. Obtén más información sobre cómo compartir los cambios de tu perfil.   Desactivado ⬤

¡Pica aquí!

11 Al agregar la empresa donde trabajas, **asegúrate de buscar si tiene un perfil de empresa creado para que te relaciones con ella y aparezca su logo en tu experiencia,** esto dará mayor credibilidad. Además, cuando busquen la empresa, aparecerán las personas que laboran en ella.

12 **LinkedIn te permite añadir las "Aptitudes" relacionadas a este puesto.**

13 **Puedes agregar contenido multimedia relevante** como imágenes, documentos, sitios web o presentaciones:

- **Formatos compatibles:** .pdf .ppt .pptx .doc .docx .jpg .jpeg .png

- **El archivo no debe superar los 100Mb o 300 páginas.**

- **No puedes cargar los archivos desde el móvil.**

- **La resolución de tus imágenes no pueden superar los 120 megapixeles.**

Al mencionar tus logros, **puedes utilizar viñetas para facilitar la lectura.**

14 • **Escribe de forma conversacional,** como si estuvieras hablando con alguien en un evento de networking y te pregunta qué haces o qué has hecho antes.

15 • **Escribe en párrafos cortos** y estructura la información de modo que sea fácil de leer.

16 • **Si te interesa mostrar la ubicación de tus trabajos,** porque es relevante para tu estrategia, aquí puedes incluirla.

17 • **Escribe el mes y el año de inicio y fin de cada experiencia.** Si aún estás trabajando en la experiencia más actual, dejas activado el check que dice "actualmente".

TIP: al redactar tu experiencia cuida tu ortografía. Enfócate en contar lo que has hecho y cuáles han sido tus logros más relevantes. Ten en cuenta tu objetivo profesional al momento de completar esta sección.

Una pregunta que me han hecho los estudiantes que están por graduarse o recién graduados es: ¿Qué coloco aquí si aún no tengo experiencia?

La respuesta es: **claro que sí tienes experiencias que contar.**

Te comparto cómo he estructurado yo esta sección, para que puedas tener una idea de cómo hacer la tuya:

Directora Comercial | Te apoyo para facilitar tu gestión en la compra de insumos industriales

Ferretería Zummar S.A. de C.V. | Ferretería Especializada Industrial · Jornada completa
1990 - actualidad · 33 años 9 meses
San Pedro Sula , Honduras

Desde 1990 que comencé a conocer este mundo de la ferretería me ha apasionado ⚙️✖️🔨 .
Quizás te preguntes por qué? ...

Trabajar al lado de mi suegro y mi esposo me hizo empaparme de esa **pasión y dedicación** con la que han hecho crecer este su segundo hogar.

Y ahora tenemos también con nosotros a mi hijo y mi sobrino ... **tres generaciones** que caminamos de la mano para hacer crecer este sueño de Don José, mi suegro, quien hasta sus 90 años trabajó incansablemente y siempre recibía con una sonrisa y una que otra anécdota a quien lo visitaba.🙂

Conocer a tantas personas en el transcurso del tiempo, escuchar sus historias mientras caminan por los pasillos, ver su cara satisfecha cuando salen o platicar con alguien que se siente como en familia cuando viene por aquí porque desde hace muchos años nos visita ... **eso para mí ha sido el motor que me levanta cada día.**🚀

En mi trabajo diario siento la satisfacción de tener cercanía con las personas y la oportunidad de apoyar de cerca a quien pueda darle una mano.

Y lo podemos hacer gracias a que:

✅Contamos con un equipo encargado de crear y mantener un stock con la mayor selección de productos, maquinaria y equipo para tu empresa o taller.

✅Te evitamos atrasos y complicaciones en tu proceso de compra con cotizaciones y entregas rápidas.

✅Sabemos que puedes cambiar de opinión por lo que te ofrecemos flexibilidad en cambios y devoluciones.

✅La honestidad es uno de los valores más importantes al momento de tratar con nuestros clientes y colaboradores.

Cuando estoy aquí **me siento como en una gran familia**, porque hemos crecido juntos en este camino , **compartimos los mismos valores y pasión** por lo que hacemos . 🙂

Aptitudes: Redacción de contenidos web · Desarrollo de oportunidades de negocio · Apoyo a mis clientes a encontrar soluciones a sus necesidades de equipos industriales · Gestión comercial · Negociación de compra · Brindo atención personalizada a mis clientes · Capacidad de análisis · Gestión de relaciones con clientes (CRM) · Gestión de ventas · Compras · Ventas · Liderazgo estratégico · Nos esforzamos en manejar en stock líneas de productos que mis clientes necesitan · Business Strategy · Logistics · Sales · Retail · Inventory Management · Strategic Planning · Estrategia empresarial · Negociación con proveedores · Customer Service · Trabajo en equipo · Negotiation · Management · Team Management

Consultoría, estrategia y formación en LinkedIn para compradores
Profesional Independiente · Jornada parcial
mar. 2023 - actualidad · 7 meses
Honduras · En remoto

He encontrado que una de mis pasiones es ayudar, compartiendo mi conocimiento.
Por eso ayudo a los compradores industriales a comprar mejor y a destacar en LinkedIn.

Uniendo mi experiencia en gestión de compras y mi metodología PIL (Presencia, Impacto y Liderazgo):

✅ Te enseño a crear una marca personal sólida y atractiva en LinkedIn.

✅ Y, si hacerlo solo no es lo tuyo, como LinkedIn Ghostwriter, te ayudo a crear un perfil campeón que te posicione como un experto en tu área y te apoye para que logres tus objetivos profesionales.

Puedes contactarme enviándome un correo a : chz@zummar.com o a través de un mensaje por LinkedIn.

Aptitudes: Marketing de redes sociales · LinkedIn Ghost Writer · Estrategia · LinkedIn Marketing · Social Selling

MENTORS 4 YOU Charla sobre el uso de LikedIn.

LinkedIn como herramienta para la empleabilidad.

Este es el paso a paso para agregar una experiencia:

➕ Haces clic en **Ver Perfil**

➕ Vas a la sección de **Experiencia**

➕ Haces clic en **+**

➕ Escribe los campos que te solicitan

➕ Das clic en **Guardar**

Si deseas **modificar tu experiencia,** vas a la sección y presionas el lápiz en la parte superior derecha. Cambias los campos que deseas y guardas.

Para añadir un archivo dentro de una experiencia en particular, vas hacia abajo y das clic en **Añadir**

contenido multimedia. En las 3 rayitas puedes subir o bajar el contenido para escoger el orden en el que deseas que aparezca.

Aptitudes

Te recomendamos añadir las 5 aptitudes más relevantes para este puesto. También aparecerán en tu sección Aptitudes.

Marketing de redes sociales ✕ LinkedIn Ghost Writer ✕ Estrategia ✕

LinkedIn Marketing ✕ Social Selling ✕

+ Añadir aptitud

Contenido multimedia

Añade contenido multimedia como imágenes, documentos, sitios web o presentaciones. Consulta los formatos compatibles.

+ Añadir contenido multimedia

MENTORS 4 YOU Charla sobre el uso de LikedIn.

LinkedIn como herramienta para la empleabilidad.

Eliminar experiencia

Guardar

Contenido multimedia

Añade contenido multimedia como imágenes, documentos, sitios web o presentaciones. Consulta los formatos compatibles.

+ Añadir contenido multimedia

🔗 Añadir un enlace

🖼 Cargar multimedia

4 YOU Charla sobre el uso de LikedIn.

mo herramienta para la empleabilidad.

EL VALOR DE MOSTRAR TU "EDUCACIÓN" EN LinkedIn

Quizás pienses que es una sección para ir de paso. Pero recuerda que LinkedIn premia a los perfiles completos y, además, es otra oportunidad de utilizar tus palabras clave para que aparezcas en los resultados de búsqueda.

¿Sabías que la sección "Educación" en LinkedIn es como tu vitrina de logros académicos?

Es el lugar perfecto para mostrar desde tu formación universitaria hasta ese curso online que te encantó. Y sí, a los empleadores y clientes les encanta ver todo lo que has aprendido.

¿Te fue bien en algún curso o tienes una observación importante? Agrega notas y comentarios sobre tu formación.

Y no te olvides de resaltar esas habilidades y logros que te hacen sentir orgulloso.

¿Por qué es tan genial esta sección tan poco valorada?

- Es tu oportunidad de contar tu viaje de aprendizaje. **¡Deja que todos sepan lo que has aprendido!**

- Puedes destacar esos **logros académicos** que te ponen un paso por delante de los demás.

- Y sí, **un buen apartado de "Educación" puede abrirte muchas puertas laborales.**

Aquí te comparto algunos consejos para diferenciarte:

1. Escribe pensando en la persona que estará leyendo. **¿Qué te gustaría que supiera de ti?**

2. **No te quedes solo con los títulos.** Cuenta alguna anécdota o logro que te haga especial.

3. **Usa palabras que te describan bien** y te ayuden a aparecer en búsquedas.

4. Y, por favor, **cuida tu ortografía y redacción.** Escribe de forma atractiva. ¡Asegúrate de que todo esté impecable!

5. Enfócate en lo más relevante de tu educación. No necesitas contar cada detalle, **pero sí lo que te define.**

6. Si puedes, **añade cifras que respalden tus logros.**

7. **Habla de lo bueno, lo mejor y lo grandioso.** Deja a un lado los tropiezos y enfócate en tus triunfos.

8. **¡Mantente al día!** Cada vez que termines un nuevo curso o taller, ¡agrégalos!

9. **Usa un lenguaje sencillo y amigable.**

10. Al describir tus logros, **usa verbos de acción:** logré , ejecuté, lideré, etc.

11. Puedes añadir imágenes, vídeos o enlaces que le den **un toque único a tu sección.**

Aquí te comparto el paso a paso:

✚ Ve a tu perfil de LinkedIn.

✚ Haz clic en **"Editar perfil"**.

✚ En la sección **"Educación",** haz clic en **"Añadir escuela"**.

✚ **Introduce la información sobre tu escuela,** como el nombre de la escuela, el título, el período de tiempo y tus notas o logros. Asegúrate de escribirla correctamente para que te aparezca el logo si tiene perfil en LinkedIn. Recuerda que la más reciente aparecerá en la parte superior de tu perfil y también te ayudará a conectar con otros alumnos de la institución.

✚ Haz clic en **"Guardar"**.

Una vez que hayas añadido tu sección de "Educación", puedes personalizarla aún más añadiendo notas, comentarios, habilidades y logros destacados.

Te comparto la mía para que tengas un ejemplo de cómo estructurarla:

Universidad Privada de San Pedro Sula - USAP
Ingeniero Industrial, Ingenieria Industrial
1986 - 1991
Actividades y grupos: Organizadora de los primeros Simposium de Ingeniería de la USPS

Mi formación como Ingeniero Industrial me ha permitido entender este mundo de la ferretería industrial al conocer diferentes temas relacionados con el uso y funcionamiento de los productos que manejamos.

Así mismo, esta carrera brinda un conocimiento en el área administrativa y de desarrollo y manejo de personal, lo cual me ha ayudado a tener una visión del manejo del negocio en su globalidad .

Y, aunque el mundo ha evolucionado en el tiempo, el conocimiento base sigue siendo el mismo ... aprovechar nuestro conocimiento para aportar valor a nuestros clientes, a nuestros colaboradores y a la comunidad.

Aden Business School
Executive MBA, Maestría Ejecutiva con doble especialización en Dirección Comercial y en Dirección Estratégica
2016 - 2017

Actividades y grupos: Aden Alumni

Postgrado presencial en Administración de Empresas donde tuve la oportunidad de recibir las clases de profesionales de España, Argentina y Colombia con una reconocida trayectoria en el área de dirección estratégica, dirección comercial y de marketing así como habilidades de gestión del negocio y liderazgo.

La experiencia de estos dos años de formación me abrieron un mundo de oportunidades y nuevas ideas que me he propuesto trasladar a mis clientes y en el interior de nuestra empresa.

Y como en un sistema de engranajes, una experiencia nos lleva a otra...así esta formación despertó en mí una pasión por profundizar conocimientos que me ayuden a ofrecer valor a nuestros clientes en cada interacción que tengan con nosotros.

Aptitudes: Strategic Planning · Business Strategy · Logistics · Negotiation · Sales · Team Management · Customer Service · Compras · Estrategia empresarial · Management · Trabajo en equipo · Negociación de compra · Negociación con proveedores

GRADUACION - UNIVERSIDAD FRANCISCO DE VITORIA - MADRID

FOTO DE COMPANEROS DEL MASTER.JPG

Para mover de lugar una educación en tu perfil:

+ Ve a tu perfil de LinkedIn.

+ En la sección **"Educación",** haz clic en las dos flechitas.

+ Te aparecerá una ventana para cambiar el orden.

+ Arrastra presionando las cuatro rayitas que verás al lado de cada una, y mueve a la nueva ubicación.

+ Haz clic en **"Guardar".**

Cambiar el orden ✕

Aden Business School
Executive MBA, Maestría Ejecutiva con doble especialización en Dirección Comercial y en Dirección Estratégica
2016 - 2017

Universidad Privada de San Pedro Sula - USAP
Ingeniero Industrial, Ingeniería Industrial
1986 - 1991

Para cambiar la información que ya incluiste en tu educación:

✚ Ve a tu **perfil** de LinkedIn.

✚ En la sección **"Educación",** haz clic en el lápiz de la entrada que quieres cambiar.

✚ Haz los cambios necesarios.

✚ Haz clic en **"Guardar".**

TIP: Recuerda que aquí puedes elegir mostrar, o no, los cambios que realizas al incluir una nueva entrada de educación.

Si consideras que tu educación no es relevante (lo cual no debería pasar) o consideras que la institución no es de prestigio, puedes decidir que no aparezca en la primera parte de tu perfil, al lado de tu Titular.

Para que no aparezca, vas al lápiz que está abajo del banner y ahí desmarcas el cuadro que dice **"Mostrar educación en mi presentación"**.

☑ Mostrar la empresa actual en mi presentación

Sector*

Venta minorista

Más información sobre las **opciones del sector**

Educación

Educación*

Aden Business School ▼

+ **Añadir nueva educación**

☑ Mostrar educación en mi presentación

Ubicación

País/región*

Honduras

Ciudad

San Pedro Sula, Cortés

LAS "LICENCIAS Y CERTIFICACIONES" QUE AVALAN TUS AVENTURAS

Esta sección complementa a la anterior. Digamos que es ese sello que te distingue en el aeropuerto abarrotado de profesionales y muestra las aventuras que has vivido en el mundo del aprendizaje.

Es donde LinkedIn te permite agregar los cursos online o talleres que has tomado. ¡Perfecto para mostrar que nunca paras de aprender!

Te doy algunos consejos para que le saques el mayor provecho:

1. No necesitas mencionar todas tus licencias y certificaciones; **solo aquellas que te ayuden a llegar a tu destino profesional deseado.**

2. **Detalla tus historias.** Al igual que cada viaje tiene una historia, cada licencia o certificación tiene la suya. Añade detalles que narren tus logros y aprendizajes.

3. Todos tenemos esos momentos estrella en nuestro aprendizaje. **Utiliza la función de habilidades y logros** para resaltar esos picos en tu carrera.

4. Asegúrate de que tu información sea **clara y entendible** para quien la lee.

5 Asegúrate de mantener **actualizada esta sección.**

6 Usa palabras y verbos que c**onectan y dan sensación de cercanía,** como "innové" o "lideré".

7 **Incluye cifras para mencionar tus logros** cuando sea necesario.

Te daré el paso a paso que necesitas saber para agregar una licencia o certificación:

✚ Ve a **tu perfil.**

✚ En la sección **"Licencias y certificaciones",** haz clic en **"Añadir licencia o certificación".**

✚ Introduce la información sobre la licencia o certificación, como el nombre, la empresa emisora, la fecha de expedición, la fecha de caducidad, el ID de la licencia y la URL (enlace) de la licencia.

✚ Haz clic en **"Guardar".**

← **Licencias y certificaciones**   +

Business Network Manager
Aprendamos
Expedición: jun. 2023

Aptitudes: Linkedin · Social Selling · LinkedIn Marketing · Business Strategy · LinkedIn Ghost Writer

Creación de contenidos para redes sociales
DETRÁS DE LA VENTA B2B
Expedición: feb. 2023

Aptitudes: Social Selling · LinkedIn Marketing · Estrategia · Business Strategy

Actualización Fiscal Medianos y Grandes Contribuyentes
High Potential
Expedición: ene. 2023

The Power Business School
ThePower Business School
Expedición: oct. 2022
ID de la credencial 22868910274293

(Mostrar credencial ☐)

Añadir licencia o certificación   ✕

* El asterisco indica que es obligatorio

Nombre*

P. ej.: Microsoft Certified Network Associate Security

Empresa emisora*

P. ej. Microsoft

Fecha de expedición

Mes   ▼   Año   ▼

Fecha de caducidad

Mes   ▼   Año   ▼

ID de la credencial

URL de la credencial

Aptitudes

Asocia al menos 1 aptitud a esta licencia o certificación. También aparecerá en tu sección Aptitudes.

(+ Añadir aptitud)

[Guardar]

Para modificar una licencia o certificación:

✚ Ve a tu perfil.

✚ En la sección **"Licencias y certificaciones",** haz clic en el ícono de lápiz al lado de la licencia o certificación que quieres modificar.

✚ Haz los cambios necesarios.

✚ Haz clic en **"Guardar".**

Editar licencia o certificación ⠀⠀⠀⠀⠀⠀⠀⠀⠀⠀⠀⠀⠀⠀⠀⠀⠀✕

* El asterisco indica que es obligatorio

Nombre*

| Business Network Manager |

Empresa emisora*

| 🔺 Aprendamos |

Fecha de expedición

| Junio ▼ | | 2023 ▼ |

Fecha de caducidad

| Mes ▼ | | Año ▼ |

ID de la credencial

| |

URL de la credencial

| |

Aptitudes

Asocia al menos 1 aptitud a esta licencia o certificación. También aparecerá en tu sección Aptitudes.

`LinkedIn ✕` `Social Selling ✕` `LinkedIn Marketing ✕` `Business Strategy ✕`

`LinkedIn Ghost Writer ✕`

`+ Añadir aptitud`

Eliminar licencia o certificación ⠀⠀⠀⠀⠀⠀⠀⠀⠀⠀⠀⠀⠀⠀ **Guardar**

Para eliminar una licencia o certificación:

✚ Ve a tu perfil.

✚ En la sección **"Licencias y certificaciones",** haz clic en el icono de lápiz al lado de la licencia o certificación que quieres eliminar.

✚ Selecciona **"Eliminar licencia o certificación".**

✚ Haz clic en **"Guardar".**

TIP: Con estos mismos lineamientos puedes completar las secciones como: *Licencias y certificaciones, Voluntariado, Publicaciones, Cursos , Idiomas , Intereses y Causas benéficas.*

Al agregarlas, tu perfil se verá más completo, tendrás oportunidad de incluir más palabras clave y, así, posicionarte en el buscador; además de mostrar toda tu información de forma estructurada (mejor que en un CV). ¡Aprovéchalo para diferenciarte de la mayoría!

RECOLECTA SELLOS EN TU PASAPORTE:
"CONOCIMIENTOS Y APTITUDES"

Esta sección es importante porque te permite "usar tu derecho a presumir" como lo dice *Karym Raymond* en su libro *Usa tu derecho a presumir*. Además, es una oportunidad valiosa para que aparezcas en la búsqueda de reclutadores, proveedores o clientes ya que son palabras clave.

Te guiaré en este proceso con unos consejos para que lo desarrolles de forma fácil y efectiva:

1. **Identifica tus habilidades clave:** reconoce esas habilidades que te destacan en tu campo profesional.

2. Considera tus conocimientos técnicos, habilidades blandas y expertise específico. Investiga las habilidades más valoradas en tu

industria y asegúrate de incluirlas en tu perfil si de verdad las tienes.

3. **Prioriza tus habilidades:** no es necesario listar todas las habilidades que posees.

4. Selecciona las más relevantes y significativas para tu carrera y objetivo profesional y enfócate en ellas. Esto ayudará a los reclutadores y profesionales a identificar rápidamente tus áreas de especialización.

5. **Analiza perfiles similares o personas relevantes en tu sector:** observa las aptitudes relevantes que tiene y agregalas si aplican a ti.

6. **El regalo de dar y recibir:** valida las aptitudes de los contactos con los que hayas tenido un vínculo laboral. LinkedIn le notificará que lo has hecho y por reciprocidad es probable que valide las tuyas.

7. Solo puedes validar a tus contactos de primer nivel.

8. Además, al validar aptitudes de otras personas, tu nombre aparece en esa aptitud de su perfil y si alguien abre esas validaciones verá tu foto, nombre y titular, lo que aumenta tu visibilidad.

9. **Actualiza tu sección de Conocimientos y aptitudes:** recuerda que tu perfil es dinámico. Agrega nuevas habilidades a medida que las adquieras y elimina las obsoletas. Esto demostrará tu compromiso con el aprendizaje continuo y te mantendrá relevante en tu industria.

10. **Personaliza tus habilidades:** aprovecha esta opción que te brinda LinkedIn. No te conformes solo con seleccionar las habilidades predeterminadas proporcionadas por LinkedIn,

puedes agregar habilidades más específicas y relevantes para tu trabajo. Esto te ayudará a destacar y diferenciarte de otros profesionales.

TIP: LinkedIn te da la opción de hacer un test para incluir algunas aptitudes y coloca una insignia en tu perfil, lo cual aumenta tu credibilidad. Debes tener en cuenta que solo funciona para las aptitudes que LinkedIn tiene definidas.

Conocimientos y aptitudes   Hacer test de aptitudes + ✎

Desarrollo de oportunidades de negocio

Directora Comercial | Te apoyo para facilitar tu gestión en la compra de insumos industriales en Ferretería Zummar S.A. de C.V. | Ferretería Especializada Industrial

Validada por 5 personas en los últimos 6 meses

5 validaciones

Gestión comercial

Directora Comercial | Te apoyo para facilitar tu gestión en la compra de insumos industriales en Ferretería Zummar S.A. de C.V. | Ferretería Especializada Industrial

Validada por 2 personas en los últimos 6 meses

2 validaciones

Mostrar todas las aptitudes (32) →

Te daré un tip que puede ayudarte: Ve a la página   www.linkedin.github.io/career-explorer/#explore e ingresa el puesto que tienes (o el que más se acerque a los sugeridos por LinkedIn) y te dará una lista de las aptitudes más relevantes para esos cargos.

Te comparto el paso a paso para agregar y modificar aptitudes así como para solicitar validaciones.

Para agregar una aptitud:

✚ Ve a tu perfil.

✚ Haz clic en **"Editar perfil"**.

✚ En la sección **"Conocimientos y Aptitudes",** haz clic en **"Agregar aptitud"**.

➕ Introduce la aptitud. Puedes seleccionar una existente o escribir la tuya.

➕ Puedes mostrar dónde has aplicado esta aptitud y si deseas seguirla para estar al tanto de contenido relevante que hable de ella.

➕ Haz clic en **"Guardar".**

Añadir aptitud   ✕

* El asterisco indica que es obligatorio

Aptitud*

M

Microsoft Office

Microsoft Excel

Microsoft Word

Microsoft PowerPoint

Medios de comunicación social

Marketing

Estrategia de marketing

Marketing de redes sociales

Mejora de procesos

Sugerencias basadas en la ubicación de tu perfil   ✕

(Relación con el cliente)   (Ventas y marketing)   (Experiencia del cliente)

(Aptitudes de organización)   (Formación y desarrollo)

(Habilidades sociales)   (Gestión de proyectos)   (Fidelización de clientes)

(Reflexión estratégica)   (Integración de equipos)

Mostrar dónde has aplicado esta aptitud

El 75 % de los técnicos de selección valoran la experiencia previa de las aptitudes. Selecciona al menos un elemento para mostrar dónde has aplicado esta aptitud.

Experiencia

☐ Directora Comercial | Te apoyo para facilitar tu gestión en la compra de insumos industriales en Ferretería Zummar S.A. de C.V. | Ferretería Especializada Industrial

☐ Consultoría, estrategia y formación en LinkedIn para compradores en Profesional Independiente

Educación

☐ Aden Business School

☐ Universidad Privada de San Pedro Sula - USAP

(Guardar)

Para modificar o eliminar una aptitud:

➕ Ve a tu perfil.

➕ Haz clic en **"Editar perfil"**.

➕ En la sección **"Conocimientos y Aptitudes",** haz clic en el icono de lápiz al lado de la aptitud que quieres modificar.

➕ Haz los cambios necesarios o elimínala..
Haz clic en **"Guardar"**.

➕

Editar Desarrollo de oportunidades de negocio ✕

Dinos dónde has puesto en práctica esta aptitud
Selecciona cualquier elemento donde se aplique esta aptitud
Experiencia

☑ Directora Comercial | Te apoyo para facilitar tu gestión en la compra de insumos industriales en Ferretería Zummar S.A. de C.V. | Ferretería Especializada Industrial

☐ Consultoría, estrategia y formación en LinkedIn para compradores en Profesional Independiente

Educación

☐ Aden Business School

☐ Universidad Privada de San Pedro Sula - USAP

Licencias y certificaciones

☐ Business Network Manager

☐ Creación de contenidos para redes sociales

☐ Actualización Fiscal Medianos y Grandes Contribuyentes

☐ The Power Business School

☐ Universo LinkedIn

☐ Especialista en LinkedIn y Social Selling

☐ Especialista en Gestión de Negocios B2B con Linkedin

☐ Certificación en Copywriting

☐ Digital Media Buying and Planning (DBPC)

☐ How to find profitable Niche

☐ Strategic Management

Voluntariado

☐ Miembro de la Junta Directiva Ad Honorem | Voluntaria

Publicaciones

☐ El GPS de Compras Industriales

☐ Compartiendo entre amigas II - Mas de 350 Nuevas recetas con amor

☐ Compartiendo entre amigas .. mas de 300 recetas con amor

Cursos

Eliminar aptitud   Guardar

Para cambiar el orden en que aparece: LinkedIn muestra las primeras 3 aptitudes, por lo que es importante que destaques las más relevantes para tus objetivos.

+ Ve a tu perfil.

+ Haz clic en **"Editar perfil"**.

+ En la sección **"Conocimientos y Aptitudes"**, haz clic en los 3 puntitos en la parte superior y ahí se despliega un menú.

+ Escoge **"Cambiar el orden"**.

+ Haz los cambios necesarios arrastrando las aptitudes desde las tres rayitas que aparecen en el lado derecho.

+ Cierra la pestaña.

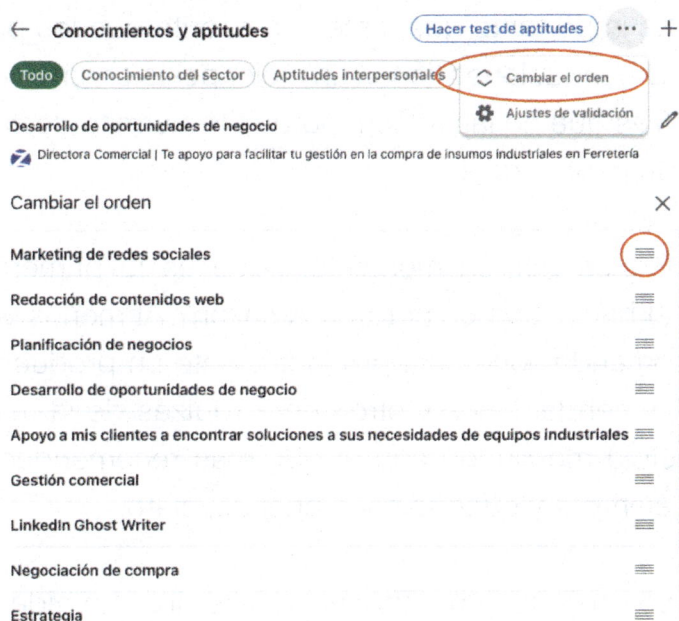

En la misma pestaña puedes hacer ajustes a las validaciones.

TESTIMONIOS DE TUS COMPAÑEROS DE VIAJE

LAS "RECOMENDACIONES"

Es importante que tomes en cuenta que los perfiles con recomendaciones tienen un mejor posicionamiento que los perfiles que no las tienen, porque te permite destacar y validar tu experiencia.

Piensa por un momento: ¿qué es lo primero que haces al hacer una compra en Amazon? Al menos yo veo las recomendaciones del producto. Ante un producto con 150 recomendaciones y otro con 2 (quizás de la mamá y la abuelita) me quedo con el que más recomendaciones tenga, siempre y cuando sean buenas, claro.

Lo mismo sucede en LinkedIn. Lo ideal es tener un mínimo de 5 recomendaciones recibidas y 5 recomendaciones hechas. Pero aquí no funciona el trueque de "te doy una y me das otra" .

Debes pedir recomendaciones a personas que conoces, y que han tenido un vínculo laboral contigo.

Te daré algunos consejos para que tus recomendaciones aporten valor a tu perfil profesional:

1 ● Solicita recomendaciones de personas que conozcan tu trabajo de cerca y puedan proporcionar detalles específicos.

Al solicitar una recomendación, especifica el contexto o proyecto en el que colaboraste con esa persona para obtener una respuesta más detallada.

2 ● Alienta a quienes escriben la recomendación a ser específicos en sus comentarios, priorizando calidad sobre cantidad.

3 ● Mantén actualizada esta sección incorporando nuevas recomendaciones relevantes.
Sé proactivo pero también paciente al solicitar recomendaciones; no todos revisan LinkedIn con regularidad.

4 ● Envía un mensaje claro sobre el tema del cual deseas la recomendación. No uses el mensaje predeterminado que te deja LinkedIn. Saluda, explica por qué deseas esa recomendación y pídele que te la escriba de forma clara y específica sobre algún tema puntual que le indiques y agradece. Tienes 3000 caracteres para esto , pero no lo escribas muy largo.

Ejemplo de mensaje :

1- MENSAJE MÁS FORMAL:

*Estimado **[Nombre de la persona]**,*

Espero que este mensaje le encuentre bien. Estoy en proceso de fortalecer mi perfil profesional y me gustaría pedirle un favor.

*Como recordará, tuve la oportunidad de liderar el proceso de negociación con **[nombre de la transnacional]** durante nuestro tiempo en **[nombre de la empresa]**.*

Esta experiencia, que culminó en un ahorro significativo del 20% para nuestra empresa y un lead time más favorable, fue uno de mis puntos más destacados y de mayor aprendizaje durante mi estancia en el equipo.

Dado que usted fue testigo directo de este logro y del esfuerzo que hicimos junto al equipo, me gustaría pedirle si podría escribir una recomendación en mi perfil de LinkedIn que refleje este logro y cualquier otro detalle relevante que considere pertinente sobre mi desempeño en dicho proceso.

Sé que el tiempo es un recurso valioso y le agradezco de antemano cualquier consideración que pueda darle a esta solicitud.

Agradezco de antemano y quedo a sus órdenes para cualquier información adicional que pudiera necesitar.

Saludos cordiales,
[Tu nombre]

2- MENSAJE MÁS CERCANO:

*Hola **[Nombre]**,*

*Es un gusto saludarte. Te cuento que estoy actualizando mi perfil de LinkedIn y me encantaría tener una recomendación tuya sobre el proceso de negociación que lideré con **[nombre de la transnacional]**, donde logramos un ahorro del 20%.*

Tú conoces mejor que nadie el esfuerzo que pusimos todos en ese proyecto.

Te agradecería mucho tu apoyo.
¡Gracias de antemano!

Saludos,
[Tu nombre]

Te comparto ahora el paso a paso para añadir una Recomendación:

✚ Ingresa a tu perfil y selecciona **"Editar perfil"**.

✚ En **"Recomendaciones"** elige **"+"**.

✚ Haz clic en **"Solicitar una recomendación"**.

Solicitar una recomendación   ✕

Ayúdanos a personalizar tu solicitud.

* El asterisco indica que es obligatorio

¿A quién quieres pedir que te recomiende?
Buscar a personas*

👤 Guillermo González Pimiento

1 de 2   Continuar

➕ Introduce el nombre de la persona y escoge de la lista que LinkedIn te proporciona. Presiona **"Continuar".**

➕ Indica **"De qué se conocen".** Elige una opción del menú desplegable.

➕ Elige tu **"Cargo en ese momento"** del desplegable de tu experiencia.

Pide a Guillermo que te recomiende.   ✕

Ayúdanos a personalizar tu solicitud.

Guillermo González Pimiento · 1er

* El asterisco indica que es obligatorio

¿De qué conoces a Guillermo?
Relación*

Selecciona una opción ▼

Cargo en ese momento*

Selecciona una opción ▼

Incluye un mensaje personal*

Hola, Guillermo. ¿Podrías recomendarme?

39/3000

2 de 2   Volver   Enviar

➕ Envía un mensaje personalizado.

➕ Presiona **"Enviar"**

Recomendaciones

Recibidas   Enviadas

> 99 Solicitar una recomendación
>
> 📝 Hacer recomendación

Guillermo González Pimiento in · 1er
| Social Selling | Human to Human Marketing | Founder of Aprendamos, with more than 30k trained professionals | Book Writer | LinkedIn TOP VOICE | Entrepreneur | Teacher | Speaker | Mentor |
11 de junio de 2023, Guillermo dio clase a Carol

Conocí a Carol hace 2 años y desde ese momento me impresionó su deseo de ayudar a los compradores a mejorar su interacción y resultados en LinkedIn.
Con esa pasión que siempre la caracteriza, Carol se certificó con mi Academia Aprendamos, como Business Network Manager de tal forma que cada día tiene más conocimientos en esta plataforma.
Cierro diciendo que su conocimiento, disposición de enseñar y aprender, destacan a Carol.

Modificar una Recomendación:

➕ Ingresa a tu perfil y selecciona **"Editar perfil"**.

➕ En **"Recomendaciones"** presiona el lápiz en la esquina superior derecha.

➕ Presiona el lápiz a la derecha de la recomendación que deseas pedir que modifiquen.

➕ Escribe el mensaje donde explicas el por qué y lo que deseas modificar.

Solicita una revisión a Guillermo   ✕

Incluye un mensaje que explique las modificaciones necesarias

Guillermo González Pimiento · 1er

* El asterisco indica que es obligatorio

Incluye un mensaje personal*

Hola, Guillermo. ¿Podrías revisar esta recomendación? Más concretamente, ¿podrías modificar...?

93/3000

Enviar

Te comparto esta *checklist* para que verifiques que tienes tu maleta lista para el viaje :

☐ **Tienes la URL pública personalizada**

☐ **Tu foto está pública en tu perfil**

☐ **Tu foto de perfil tiene un aspecto profesional**

☐ **En la foto miras de frente y sonries**

☐ **Tienes un banner diseñado y que haces**

☐ **Tu nombre sin emojis ni otra información**

☐ **Tienes palabras clave en tu titular**

☐ **Titular claro a quién y cómo ayudas**

☐ **Acerca De escrito en primera persona**

☐ **Tu Acerca De con a quién, cómo le ayudas**

☐ **Dejas claro en tu Acerca De por qué tú**

☐ **Frase contundente al inicio de tu Acerca De**

☐ **Info de contacto al final de tu Acerca De**

☐ **Si ofreces servicios, tienes activa la opción**

☐ **Si buscas trabajo, tienes activa la opción**

☐ **Destacados con 2 opciones estratégicas**

☐ **Tienes tu experiencia descrita con logros**

☐ **Educación formal descrita de forma coherente**

☐ Tienes al menos 12 aptitudes relevantes

☐ Muestras 3 aptitudes más importantes al inicio

☐ Tienes al menos 5 recomendaciones recibidas

☐ Tienes al menos 5 recomendaciones dadas

☐ Información relevante en licencias

☐ Información relevante en voluntariado

☐ Publicaciones, Cursos, Idiomas relevantes

☐ Tienes al menos 5 palabras clave en tu perfil
y al menos 4 veces cada una

CAPÍTULO 4

ABRIENDO CAMINOS: EXPANDIENDO TU RED DE CONTACTOS

En nuestras paradas anteriores hemos preparado tu **equipaje**. Ya tenemos ese perfil listo para viajar por el mundo. Y ¿ahora qué?

Aquí es donde comienza la verdadera aventura.

Recuerda que LinkedIn no es un escaparate para tener tu curriculum. Es momento de hacer networking y crear esa red de contactos que te dará visibilidad con las personas que te pueden ayudar a crecer .

A veces cometemos el error de enviar invitaciones sin una estrategia. Eso es como si invitas a una fiesta a todo el que ves por la calle. Desde ahora no lo harás más.

Ten presente que un contacto alineado a tus objetivos te puede dar mejor resultado que 200 contactos al azar. Tu chance de lograr esa oportunidad que buscas se multiplica por 10 o puede introducirte a la persona adecuada, a esa que necesitas llegar.

Es hora de convertir tu perfil de LinkedIn en un **imán de oportunidades.**

IDENTIFICANDO EL TIPO DE CONTACTO Y MENSAJES

En este viaje nos encontramos con diferentes personas. Verás que cada una tiene un número asignado al lado de su nombre. Es como cuando entras a una fiesta y tienes a tu familia inmediata, a tus tíos y primos, a tus amigos, a tus compañeros de trabajo y a personas que no conoces.

En Linkedin verás que tienes:

- Contactos de primer grado (máximo 30,000).
- Contactos de segundo grado.
- Contactos de tercer grado.
- Personas con las que compartes grupos.
- Personas que sigues o que te siguen.
- Personas fuera de tu red.

Dependiendo qué relación tienen contigo, podrás realizar o no algunas acciones.

Comencemos con aquellos que se consideran parte de tu red:

TUS CONTACTOS DE PRIMER GRADO son los que han aceptado tu invitación a conectar o tu has aceptado una invitación de ellos y ya forman parte de tu red. Verás la nomenclatura 1er junto a su nombre en su perfil o en los resultados de búsqueda.

A ellos puedes enviarles un mensaje directo a través del buzón de LinkedIn y pueden ver tus publicaciones. También pueden ser un puente para llegar a otros contactos.

TUS CONTACTOS DE SEGUNDO GRADO son "los amigos de tus amigos", es decir que son contacto de primer grado de tus contactos.

Cuando veas su nombre en los resultados al buscarlos o si entras a su perfil verás la nomenclatura 2°.

A ellos puedes invitarlos a conectar, puedes ver sus perfiles y solamente podrás enviarles un mensaje InMail si tienes la cuenta Premium.

TUS CONTACTOS DE TERCER GRADO son "los amigos de los amigos de tus amigos", es decir que son contacto de primer grado de tus "amigos" de segundo grado. Cuando veas su nombre en los resultados al buscarlos o si entras a su perfil verás la nomenclatura 3°.

TIPOS DE CONTACTOS EN LinkedIn

Contactos de primer grado	▪ **La gente con la que estás conectando directamente bien porque has aceptado sus invitaciones, o bien porque ellos han aceptado las tuyas, es decir, tus amigos**
Contactos de segundo grado	▪ **La gente que está conectada a tus contactos en LinkedIn de primer grado, es decir, los amigos de tus amigos** ▪ **Puedes enviarles una invitación haciendo click en conectarlos mediante un mensaje InMail (solo si tienes una cuenta de pago Premium)**

Contactos de tercer grado	- La gente que está conectada a tus contactos en **LinkedIn** de segundo grado - Si aparecen su nombre y sus apellidos, podrás enviar una invitación haciendo clic en conectar - Si solo muestra la primera letra del apellido, sólo podrás contactarlos mediante un mensaje InMail (sólo si estás dado de alta en una cuenta premium)
Compañeros de grupos en LinkedIn	- Perteneces al mismo grupo. Verás un icono de Grupo junto a su nombre en los resultados de búsqueda y en sus perfiles - No puedes enviar más de 15 mensajes en un mes. Esto afecta a todos los grupos a los que pertenezcas - No son 15 mensajes por grupo, sino 15 mensajes en total
Fuera de la red	- Los usuarios de LinkedIn que no pertenecen a ninguna de las categorias mencionadas anteriormente - Puedes contactarlos a través de un mensaje de InMail (sólo si estás dado de alta en una cuenta premium)

Los seguidores	■ Personas que pueden ver el contenido que publicas sin ser un contacto tuyo. No pueden enviarte mensajes, pero pueden ver, recomendar y comentar en tus publicaciones de LinkedIn

FUENTE: INGE SÁEZ | MARKETING HONESTO

Y ¿cómo enviarás esa invitación a conectar? Aquí te daré un consejo.

Hay opiniones encontradas al respecto pero a mi me gusta crear relaciones por lo que **siempre envío mensajes personalizados al invitar a conectar y agradezco por conectar conmigo.**

Pero es importante mencionar que solo podrás hacerlo si cuentas con la cuenta Premium, ya que LinkedIn anunció recientemente que para finales del 2023, la cuenta gratuita no tendrá esa opción.

Para conectar les dices específicamente algo sobre esa persona que hayas visto en su perfil y te haya parecido interesante y la invitas a ser parte de tu red. Una vez que te aceptan, envías un mensaje de agradecimiento y te pones a su disposición, dándole la bienvenida a tu red. ¡Nunca vendas!

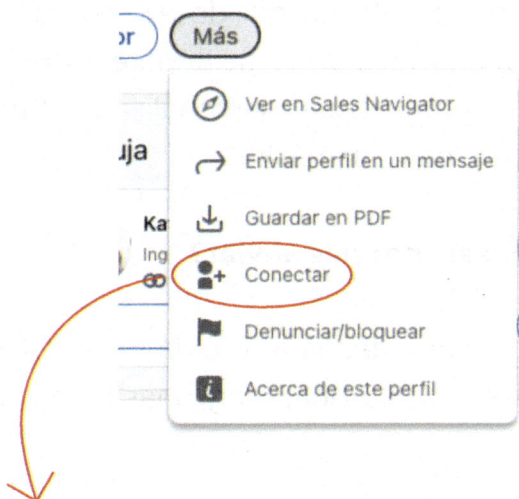

Más

- Ver en Sales Navigator
- Enviar perfil en un mensaje
- Guardar en PDF
- Conectar
- Denunciar/bloquear
- Acerca de este perfil

Tu invitación ya casi está en camino ✕

✓ Puedes añadir una nota para hacer la invitación de **Joaquín Beltrán Sanahuja** más personal.

Añadir una nota   **Enviar**

Añadir una nota a la invitación ✕

Los miembros de LinkedIn están más dispuestos a aceptar invitaciones que incluyen una nota personal.

Por ejemplo: Nos conocimos en…

300/300

Cancelar   Enviar

Te recomiendo visitar el perfil de la persona (LinkedIn le avisará que lo has visto y así ya le parecerás familiar), y luego le escribes tu mensaje personalizado. Tienes 300 caracteres, aprovéchalos al máximo.

¿Qué mensaje podrías enviar?

Puedes conectar desde tu propia personalidad con el mensaje que escribas. Aquí te doy unas ideas para que las adaptes:

MENSAJE DE INVITACIÓN

*Hola **[Nombre]**,*

*He visto tu perfil y me llamó la atención tu trayectoria en **[industria o empresa]**.*

Quisiera formar parte de tu red. ¿Conectamos?
[Tu Nombre]

---

*Hola **[Nombre]**,*

*Vi en tu perfil que compartimos un interés en **[tema en común]**. Ejemplo: gestión de cadena de suministro.*

*Soy comprador en **[Nombre de la Empresa]** y me encantaría intercambiar ideas en algún momento. ¿Conectamos?*
***[Tu Nombre]**.*

Hola **[Nombre]**,

[Nombre del contacto mutuo] me recomendó conectar contigo debido a tu experiencia en **[sector/industria]**.

Sería un honor formar parte de tu red. ¿Conectamos?

[Tu Nombre].

Hola **[Nombre]**,

Vi tu comentario sobre **[nombre del evento o noticia relevante]** en LinkedIn.

Totalmente de acuerdo con tu punto de vista. ¿Conectamos?

[Tu Nombre].

MENSAJE DE GRACIAS POR ACEPTAR TU INVITACIÓN

Cuando la persona acepte, Linkedin te notificará. Entonces tú envías un mensaje de gracias.

Te comparto unas ideas para que te inspires:

Hola **[Nombre]**,

Gracias por aceptar mi invitación. Valoro mucho la oportunidad de conectar con profesionales destacados como tú.

Estoy a la orden para cualquier cosa que necesites.
[Tu Nombre].

Hola **[Nombre]**,

Gracias por aceptar mi invitación. Tu experiencia en **[sector/industria]** es realmente inspiradora. Siempre estoy dispuesto/a a aprender y compartir conocimientos.

Si alguna vez necesitas algo o simplemente quieres charlar sobre **[tema relevante],** aquí estoy. Estamos en contacto,

[Tu Nombre]

Hola **[Nombre]**,

Gracias por aceptar mi invitación. Es un honor estar conectado contigo en LinkedIn.

Me impresionó tu trayectoria en **[sector/industria]**. Estoy abierto/a a compartir ideas y explorar posibles colaboraciones. ¡Que tengas un excelente día!

[Tu Nombre]

Una vez que son tus contactos puedes enviar mensajes de:

- **Felicitación** por algún logro que viste en su perfil para demostrarle interés.

- **Solicitando su opinión** sobre un tema puntual que puedan tener en común. No es una consultoría gratuita, eso es spam.

- Puedes compartirle una **oportunidad laboral** que crees que le pueda interesar si le viste en busca de empleo. Lo apreciará mucho.

- **Compártele un artículo o estudio** relevante que has visto que pueda ser de su interés.

- **Invítale a un evento o a un webinar** de un tema de su área.

Como ves, estas son solo algunas "excusas" válidas para relacionarte con tus contactos de forma genuina.

MIEMBROS DE GRUPOS A LOS QUE PERTENECES. Se consideran parte de tu red y, en lugar de un número verás "grupo" si no son contactos de 1°, 2° o 3° grado.

Con estas personas compartes un interés en común (por eso te has integrado al grupo en primer lugar). LinkedIn te permite interactuar con ellos en los comentarios de sus publicaciones y mandarles mensajes.

Ten cuidado de no mandar mensajes masivos ya que LinkedIn puede bloquear tu cuenta. Se selectivo y envía mensajes personalizados.

Toma en cuenta que LinkedIn tiene un límite general de 100 invitaciones por semana. Esto aplica a todas las invitaciones, incluidas las invitaciones a miembros de grupos.

Para invitar a un miembro del grupo a conectar:

✚ Ve a la página de inicio de **Grupos.**

✚ Selecciona el grupo correspondiente de la lista en **Tus grupos.**

✚ En la sección [Número de miembros del grupo] del panel derecho, haz clic en **Mostrar todo.**

✚ Haz clic en el nombre de un miembro para acceder a su perfil.

✚ Haz clic en **Conectar** para enviar una invitación.

Para enviar una solicitud de mensaje a un miembro de un grupo:

✚ Desplázate a la página de inicio de tus grupos.

✚ Selecciona el grupo en la lista.

✚ Haz clic en **Ver todos,** en la parte derecha de la página.

✚ Haz clic en **Enviar mensaje** junto al nombre.

✚ Escribe tu mensaje y haz clic en **Enviar.**

TUS SEGUIDORES: las personas que te siguen verán tus publicaciones en su muro. Pueden recomendar, compartir o comentar tu publicación. No hay límite a la cantidad de seguidores que puedes tener. Lo mismo aplica si eres tú quien sigue a otro perfil. Pero ten en cuenta que no son contactos de primer grado.

Para ver tus seguidores:

✚ Haz clic en el icono **Mi red,** en la parte superior de tu página de inicio de LinkedIn.

✚ Haz clic en **Siguiendo y seguidores** a la izquierda.

✚ Haz clic en **Seguidores** en la parte superior de la pantalla para verlos. Puedes seguirles haciendo clic en el botón que te aparece a la derecha.

LAS PERSONAS FUERA DE TU RED: a ellas no tendrás acceso a enviarles correo ni a invitarles a conectar, al menos que tengas una cuenta premium para enviarles un mensaje InMail. Pueden seguirte y tú puedes seguirlas también.

CRUZANDO PUENTES:

CONECTANDO HORIZONTES PERSONALES

¿Recuerdas que al principio te recomendé tener claros tus objetivos? Aquí verás una de las razones para hacerlo.

Te daré algunos ejemplos:

● **¿Eres comprador senior en una empresa manufacturera?**
Entonces te convendrá conectar con proveedores de materias primas, gerentes de ventas en empresas distribuidoras, especialistas en logística y cadena de suministro para mantener un flujo constante de materiales.

¿Eres coordinador de cadena de suministro?
Te beneficiarás al conectarte con transportistas y operadores logísticos, expertos en optimización de rutas y profesionales en gestión de inventarios para asegurar que tus productos lleguen a tiempo y en la forma correcta.

¿Eres líder de adquisiciones en una empresa tecnológica?
Es ideal que establezcas conexiones con distribuidores de hardware y software, representantes de ventas de marcas tecnológicas líderes y consultores en tecnologías emergentes.

¿Eres analista de proveedores?
Conectarte con gerentes de calidad de proveedores, expertos en auditorías y consultores en gestión de riesgos te ayudará a evaluar mejor tus fuentes y garantizar la calidad de lo que adquieres.

¿Eres director de logística en una empresa de retail?
Te interesa conectarte con proveedores de soluciones de almacenaje, expertos en logística inversa y profesionales en gestión de flotas para garantizar la eficiencia en toda la cadena.

¿Eres especialista en sourcing estratégico?
Establecer relaciones con consultores de mercados emergentes, analistas de datos y expertos en negociaciones te proporcionará herramientas y perspectivas para encontrar y adquirir los mejores recursos.

Lo importante es recordar que tu red de contactos no es solo de clientes o proveedores, sino también de referentes en el sector, expertos con los que puedas hacer colaboraciones, profesionales de otros sectores que te puedan dar ideas e innovación, expertos en temas de crecimiento personal o en habilidades que deseas potenciar. Son todas aquellas personas que puedan ser interesantes para lograr ese objetivo que has definido para LinkedIn.

En la vida puedes tener varias metas, pero en Linkedin debes enfocarte solo en una, que puedes variar y ajustar con el tiempo.

Pero te aconsejo desarrollar tu marca personal. No te enfoques únicamente en ser el empleado de una empresa.

ESTRATEGIAS DE BÚSQUEDA EFECTIVA

LinkedIn no es un "Facebook con corbata". Es tu pase VIP a un mundo de conexiones y oportunidades.

Si sabes buscar bien encontrarás aliados, mentores, proveedores , clientes o ese perfil que necesitas.

Esta aventura de buscar en LinkedIn te ofrece muchas opciones. Puedes buscar a personas, a empresas y también contenido.

Con la versión gratuita de LinkedIn puedes ir a la barra de búsqueda, en la parte superior:

Colocas lo que deseas buscar (vamos a asumir que eres comprador en el área de herramientas y buscas proveedores)

En este caso coloqué "ventas de herramientas" y me despliega un cuadro a la izquierda donde puedo buscar: personas, publicaciones, empleos, grupos o más personas. Arriba me da la opción de buscar por instituciones educativas, cursos, eventos y todos los filtros.

Si presiono **"todos los filtros"** me despliega un menú donde encontraré más opciones para filtrar mi búsqueda: por mi relación de contacto, si son contactos de alguna persona o seguidores de alguien, por ubicación geográfica, empresa actual o empresa anterior.

Con Sales Navigator tienes 12 filtros de búsqueda adicionales. Pero ya con estos que vimos podemos realizar una búsqueda potente.

Filtrar solo Personas ▾ por   ✕

Contactos

☐ 1er   ☐ 2°

☐ 3er+

Contactos de

+ Añadir un contacto

Seguidores de

+ Añadir creador

Ubicaciones

☐ México   ☐ España

☐ Perú   ☐ Área metropolitana de Ciudad
                                 de México

☐ Argentina   + Añade una ubicación

Empresa actual

☐ Truper   ☐ AKSI Herramientas, S.A. de
                                 C.V.

☐ Herramientas HECORT   ☐ Leroy Merlin - España

☐ SANTUL HERRAMIENTAS   + Añadir empresa

Empresa anterior

☐ Truper   ☐ URREA HERRAMIENTAS
                                 PROFESIONALES

☐ Grupo Urrea   ☐ Telefónica

☐ Herramientas HECORT   + Añadir empresa

Pero esto es solo el comienzo. Puedes ser tan específico como desees.

Y para esto te daré un truquito que se llama **"búsqueda booleana".** No es una tribu de Star Trek , sino una forma de buscar que te funciona en LinkedIn y también en Google. En esta búsqueda usas palabras clave que te ayudan a estrechar el criterio. Esto, unido a los filtros que LinkedIn te ofrece, te hará encontrar esos perfiles que buscas.

Con un poco de práctica perfeccionarás cada vez esta habilidad.

Te comparto las búsquedas booleanas más comunes. Hay muchas más pero no nos compliquemos. **Debes usar estas claves siempre en mayúscula:**

AND: Es un "y". Si pones "compras AND negociación" encontrarás perfiles que hablen de ambas cosas.

OR: Es un "o". Buscas "CEO OR fundador" y te aparecerán resultados que tengan uno, el otro o ambos criterios

NOT: Es un "no". Si quieres "emprendedor NOT digital", te mostrará emprendedores pero no digitales.

" ": Te busca una coincidencia perfecta , por ejemplo: "Director de Compras". Si aparece escrito de otra forma no te lo mostrará.

Ahora juguemos un poco más y combinemos. Te daré unos ejemplos para que te inspires en ser creativo:

- **Quieres encontrar proveedores textiles en una ubicación específica:**

  proveedor AND textil AND "Honduras"

- **Para no recibir resultados de áreas que no te interesan.**

  proveedor AND plásticos NOT juguetes

- **Para buscar un perfil de proveedor de ferretería en Honduras que no esté en Tegucigalpa:**

  proveedor AND ferretería AND "Honduras" NOT "Tegucigalpa"

Recuerda que si utilizas Sales Navigator tienes muchos filtros de búsqueda potentes, así como la oportunidad de crear listas, perfiles ideales, etc. Pero eso ya es tema de otro libro. Por ahora nos centramos en tu perfil y en las bases para tu estrategia.

Te resumo algunos puntos importantes de recordar al realizar búsquedas:

- **Utiliza palabras clave relevantes:** cuando busques personas, usa palabras clave que sean relevantes para tu búsqueda. Por ejemplo, si buscas un especialista en metodologías ágiles en México utiliza palabras clave como "especialista en metodologías ágiles" y "México".

- **Utiliza filtros de búsqueda:** Los filtros de búsqueda te permiten refinar tus resultados para que sean más específicos.

- **Utiliza búsquedas booleanas:** Las búsquedas booleanas te permiten combinar palabras y frases para encontrar mejores resultados.

Esto te servirá para encontrar posibles proveedores o fabricantes, contactar con otros colegas o referentes de tu sector, buscar personas, empresas o empleos.

¿Ves como todo va tomando sentido?

Por eso, usar palabras clave en tu perfil es de mucha importancia. Pues cuando alguien más realice esas búsquedas te encontrará a ti , así como Linkedin te está mostrando esos perfiles cuando buscas usando sus propias palabras clave.

DESCARGA TUS CONTACTOS

EN TIERRA FIRME

Tus contactos en LinkedIn son una fuente valiosa de datos, los cuales no quieres perder si por alguna razón la plataforma desaparece, te suspenden la cuenta o se cuela un duende en tu computadora y te los borra. No queremos correr ese riesgo.

Es por esto que te recomiendo descargar la información de tus contactos (y de tu perfil) cada 3 o 4 meses.

Para descargar la base de datos:

➕ Vas a **YO.**

➕ **Ajustes y privacidad.**

➕ Vas a la sección de **Cómo utiliza LinkedIn tus datos.**

➕ Presionas en **Obtener una copia de tus datos.**

➕ Ahí verás la pantalla siguiente y podrás escoger lo que deseas descargar.

➕ Luego presionas **Solicitar archivo.**

Linkedin te enviará un correo electrónico con el archivo solicitado.

← Volver

Exportar tus datos

Tus datos de LinkedIn te pertenecen y puedes descargarlos en un archivo en cualquier momento o **ver el contenido multimedia** que has cargado.

○ Descarga un archivo de datos más grande que incluya contactos, verificaciones, posibles contactos, historial de cuentas y otra información que deducimos a partir de tu perfil y actividad. **Más información**

● ¿Quieres algo en concreto? Selecciona los archivos de datos que más te interesan.

☑ Artículos	☑ Contactos	☐ Contactos importados
☐ Mensajes	☐ Invitaciones	☑ Perfil
☑ Recomendaciones	☐ Registro	

Solicitar archivo

La descarga estará lista en unos 10 minutos

¿No ves lo que quieres? Visita nuestro **Centro de ayuda**.

CAPÍTULO 5

NAVEGA APORTANDO VALOR CON UN CONTENIDO RELEVANTE Y DE CALIDAD

Este libro trata sobre tu perfil impactante en LinkedIn, pero no puedo dejar por fuera lo básico sobre tus publicaciones.

Primero, entendamos el porqué. Publicar en LinkedIn no es simplemente para alimentar tu ego. Es tu oportunidad para demostrar conocimientos, compartir aprendizajes y posicionarte como un experto en compras industriales.

Es como asistir a una conferencia y, en lugar de ser un oyente pasivo, ser uno de los ponentes.

EXPLORANDO LOS PUERTOS DE EMBARQUE
¿DESDE DÓNDE PUBLICO?

PERFIL PERSONAL VS PÁGINA DE EMPRESA

LinkedIn ofrece dos espacios principales desde los cuales puedes compartir contenido: tu perfil personal y el perfil de tu empresa. Ambos tienen sus propios beneficios y desafíos.

Estamos aquí para desarrollar tu marca personal. Recordemos que tú eres una persona con tus propias experiencias y conocimientos que te hacen única.

Dicho esto, publica desde tu perfil personal. La estrategia de publicaciones de la empresa ya es tema de otro viaje.

El perfil personal en LinkedIn es una extensión de tu identidad profesional en el mundo digital.

Al publicar desde tu perfil personal muestras:

AUTENTICIDAD: tu perfil lleva tu nombre y fotografía, lo que puede ayudar a construir una conexión más auténtica y personal con tu audiencia.

NARRATIVA PERSONAL: permite compartir tus experiencias y perspectivas personales, lo que puede resonar bien con tu red y ayudarte a construir una marca personal sólida.

INTERACCIÓN DIRECTA: Puedes interactuar directamente con tu red, responder a comentarios y participar en debates de manera más personal.

Tú siempre serás María, Pablo, Juan o Alejandra. Comprador, especialista en metodologías ágiles, en cadena de suministro o negociaciones.

No importa si trabajas hoy en una empresa y mañana en otra o te vuelves independiente.

> *Grábate esto: tú estás construyendo tu propia identidad de acuerdo a los conocimientos y experiencias que vas acumulando en tu camino. Esa maleta la llevas contigo a donde vayas.*

DESCUBRIENDO ISLAS DE INFORMACIÓN:

FUENTES E IDEAS PARA TU CONTENIDO

LinkedIn se ha convertido en una plataforma vital para profesionales que buscan compartir conocimientos, experiencias y establecer conexiones valiosas. Sin embargo, uno de los desafíos más comunes es encontrar ideas frescas y relevantes para el contenido. Pero ese contenido es más fácil de crear de lo que parece.

Te daré algunas fuentes de inspiración:

1. TU EXPERIENCIA Y CONOCIMIENTOS: tu trayectoria profesional es una mina de oro de contenido. Comparte tus experiencias, lecciones aprendidas y conocimientos adquiridos en tu industria o campo. Esto no solo establece tu autoridad en el tema, sino que también proporciona valor a tus seguidores.

2. TUS INTERESES PERSONALES: Si tienes intereses personales que se alinean con tu carrera o industria, no dudes en compartir contenido sobre ellos. Esto humaniza tu perfil y permite a tu audiencia conectar contigo en un nivel más personal.

Encuentra la intersección entre tus intereses personales y profesionales para crear contenido único y auténtico.

3. LAS TENDENCIAS ACTUALES: mantente al día con las tendencias actuales en tu industria y comparte tus perspectivas sobre ellas. Esto demuestra que estás en sintonía con el entorno dinámico en el campo de las compras y cadenas de abastecimiento.

Utiliza herramientas de monitoreo de tendencias (como

Google Trends o incluso pregunta en Google o en Bard) y suscríbete a newsletters relevantes para estar siempre informado.

4. LOS PROBLEMAS QUE ENFRENTAS: compartir tus desafíos y cómo los superas puede proporcionar soluciones a otros que estén enfrentando problemas similares. Ofrece soluciones prácticas y solicita la opinión de tu audiencia para fomentar la interacción.

5. TUS ÉXITOS: celebra y comparte tus logros. Esto sirve como inspiración para otros y también establece tu competencia en tu campo. Agradece a las personas o equipos que contribuyeron a tu éxito para mostrar humildad y aprecio.

6. LIBROS Y PUBLICACIONES: relevantes escritos por expertos en tu campo.

7. FOROS Y COMUNIDADES EN LÍNEA: debates en foros profesionales, grupos y comunidades en LinkedIn relacionadas a compras y organizaciones de compradores de otros países.

8. BLOGS DE PERSONAS RELEVANTES EN TU NICHO: suscríbete a sus newsletters y comparte la información que consideres que puede ayudar a tu lector.

Como verás, las fuentes son casi infinitas. También puedes apoyarte en Google Search, LinkedIn Search, Google Trends, SEMrush, Answer The Public, etc.

¡Pero no copies! Usa la información como inspiración y conecta con tus experiencias. Si citas a alguien, menciona la fuente.

No tengas miedo ni vergüenza. Hazlo con miedo o con vergüenza pero hazlo. Todos lo hemos sentido y créeme que solo los superas "tirándote a la piscina".

Y te lo digo yo, que me temblaba todo el cuerpo el día de mi primera entrevista en vivo o cuando escribí mi primera newsletter (que pensé que nadie la leería). En esto doy gracias a mi mentor que me dijo: *"escríbele a la persona que deseas entrevistar y, si te acepta, agenda la reunión de inmediato"*, así lo hice y luego temblaba como una gelatina porque ya había hecho el compromiso.

Y te sorprendes dándote cuenta de que "no pasa nada", todo está bien y sí tienes algo que aportar a los demás. Sería egoísta de tu parte no compartir ese conocimiento que puede inspirar o ayudar a crecer a otros.

Te comparto algunos consejos para crear contenido:

1 **Todos tenemos el síndrome del impostor.** Pensamos que no sabemos lo suficiente o que a nadie le importa eso que quieres contar. Pero debes convencerte de que eres una persona única y tienes mucho que aportar.

2 **Comienza comentando en publicaciones** de referentes y colegas. Eso te ayudará a "soltarte" y a ganar confianza en ti.

3 **Entiende lo que le interesa a tu audiencia** y qué tipo de contenido les gustaría leer.

4 Aunque está bien inspirarse en otros, es importante **mantener una voz y perspectiva únicas en tu contenido.**

5 Dado que el tiempo es esencial, **asegúrate de que tu contenido sea breve, claro y al punto.** Cuida tu ortografía y expresiones.

6 **Incorpora imágenes, videos y otros medios** para hacer tu contenido más atractivo y fácil de entender.

7 **Incluye un llamado a la acción** al final del post donde animes a comentar o compartir tu publicación.

8 Siempre pregunta **si tu contenido informa, educa, entretiene o inspira** a quien te lee.

9 **Une lo que te gusta y disfrutas con eso en lo que eres bueno...** y sucederá la magia. Encuentra las actividades o temas en los que brillas.

10 **Cuenta historias.** Las personas conectamos con las historias y mientras más cotidianas sean, mejor.

11 **Encuentra un balance entre lo profesional y lo personal.** En LinkedIn, te aconsejo unir lo personal con alguna experiencia o situación laboral. Si bien es una red profesional, también es una comunidad entre personas.

Por último, si compartes contenido de terceros, te recomiendo agregar tu propia opinión, aportando valor a tu público. No te dediques únicamente a compartir contenido de otros. Recuerda que estás construyendo tu marca personal.

TIPOS DE CONTENIDO PARA RESALTAR TU PERFIL

Como comprador industrial, es crucial entender que cada publicación en LinkedIn es una oportunidad para mostrarte como un experto en tu campo y resaltar entre un mar de perfiles.

Para esto, LinkedIn pone a tu disposición una variedad de formatos de contenido que puedes utilizar:

- **Publicaciones de texto:** perfectas para reflexiones breves, actualizaciones de la industria o para compartir citas inspiradoras; comparaciones, tips, definiciones de conceptos, cómo hacer algo, etc.

- **Imágenes y gráficos:** las infografías, carruseles, imágenes con estadísticas sobre el mercado o tendencias pueden captar la atención rápidamente. Nota: en LinkedIn, los carruseles deben publicarse en formato PDF.

- **Gifs animados:** son efectivos para captar la atención, pero no abuses de ellos, porque pueden restarle objetividad y profesionalismo a tu voz.

- **Post con contenido descargable:** regala a tus lectores un archivo PDF o una ilustración que sea de valor para ellos y puedan descargarse.

- **Videos:** una manera excelente de presentar un análisis detallado, compartir un tutorial, transmitir una idea de forma personal o dar testimonios de cómo tus estrategias de compra han impactado positivamente en tu empresa.

- **Artículos y newsletters:** perfectos para análisis profundos sobre temas que dominas, compartir estudios de caso o discutir tendencias en compras. Los artículos son tu plataforma para mostrar tu expertise, ya sea que escribas sobre las mejores prácticas en gestión de relaciones con proveedores o cómo las tecnologías emergentes están cambiando el juego en el mundo de las compras. Y, como premio, Google los indexa y los muestra en sus resultados de búsqueda.

Además, tu contenido puede enmarcarse en diferentes categorías que tú escoges al momento de crearlo, entre ellas:

CONTENIDO EDUCATIVO: tu experiencia es una fuente valiosa de educación para otros en la industria. Publica sobre cómo evalúas proveedores, la importancia de la ética en las negociaciones, o cómo las leyes y regulaciones afectan las compras en tu sector.

CONTENIDO INSPIRACIONAL: el mundo de las compras está lleno de desafíos. Comparte historias de cómo superas obstáculos, los éxitos que has logrado y las lecciones aprendidas en el camino.

CONTENIDO INFORMATIVO: mantente al día con las últimas noticias de la industria y compártelas con tu red junto con tu perspectiva personal. Esto demuestra que estás en sintonía con las tendencias actuales.

Esta guía te da una visión clara de dónde puedes inspirarte para crear contenido de alto valor que te posicione y atraiga las oportunidades que buscas.

CONSEJOS PRÁCTICOS PARA TU CONTENIDO

ESTABLECE UNA FRECUENCIA: no necesitas publicar diariamente, pero sí de manera regular. Decide cuánto tiempo puedes dedicar y sé constante.

HAZLO AUTÉNTICO: no copies y pegues. Tu audiencia valora la autenticidad y querrán oír tu voz y tus ideas.

INTERACTÚA: no solo publiques y te olvides. Interactúa con los comentarios y participa en conversaciones o debates. Agradece y etiqueta si alguien comenta o comparte tu publicación.

RELEVANCIA: asegúrate de que tu contenido sea relevante para tu audiencia. Que le hables sobre los temas que a ellos les interesa, en los que tú puedes aportar.

MIDE Y AJUSTA TU ESTRATEGIA DE CONTENIDOS: revisa las estadísticas que te da LinkedIn sobre tus publicaciones para que identifiques qué contenido es el que llama más la atención y con el que más interactúa tu audiencia.

UTILIZA HASHTAGS: con ellos indicarás de qué trata la publicación. Te recomiendo usar entre 3 y 5 como máximo.

NO ABUSES ETIQUETANDO PERSONAS EN TUS POST: etiquetar a otras personas está bien siempre que esté en sintonía con tu post y sin ser invasivos.

Establecer tu voz y presencia en LinkedIn es una maratón, no un sprint.

Con cada publicación estás poniendo un ladrillo en la construcción de tu imagen profesional en la plataforma, lo que a largo plazo te posicionará como un comprador industrial informado y confiable en tu red de contactos y más allá.

No se trata de cantidad, sino de calidad y relevancia.

Como comprador, tienes una perspectiva única y valiosa para compartir y ayudar a otros. Aprovecha LinkedIn para hacerlo. Y recuerda: ¡hacer que tu voz se escuche es el primer paso para sobresalir entre la multitud!

Te muestro dónde subes el contenido:

✚ Vas a tu feed y presionas en **"Crear publicación".** O directamente presionas **"Contenido Multimedia"**, **"Empleo"** o **"Escribir artículo",** según el formato de contenido que desees publicar.

+ Si estás publicando un artículo y, además de tu perfil personal, tienes cuenta de empresa, te pedirá que escojas desde qué cuenta deseas publicar.

+ Para crear una publicación **puedes escribir tu texto** y escoger una de las opciones de formato que te aparecen en la parte inferior.

+ **Añadir contenido.**

+ **Crear un evento.**

+ **Celebrar una ocasión especial.**

+ **Comparte que estás buscando personal.**

+ **Crear una encuesta.**

+ **Añadir un documento.**

+ **Encontrar especialista.**

✚ Presiona **"Publicar"** o prográmalo desde el ícono del reloj que aparece en el extremo derecho, donde podrás elegir la fecha y hora de publicación.

TIP: Esta opción de buscar especialista puede ser muy interesante para ti como comprador industrial, dale un vistazo:

Encuentra especialistas   ✕

Responde a estas preguntas para entender mejor qué buscas:

¿En qué podemos ayudarte? *

| Selecciona una categoría ▾ |

Selecciona una categoría

Ubicación *

| San Pedro Sula, Cortés, Honduras |

Descripción*

| Busco profesionales que puedan ayudarme con unos proyectos. ¿Alguien tiene recomendaciones? |

25 caracteres como mínimo   0/750

‹ ›

Ejemplos

Es la primera vez que tengo que hacer la declaración de la renta para mi SL. ¿Alguien puede recomendarme profesionales que me puedan ayudar?

● ○ ○

Volver   Hecho

Si decides publicar un artículo o un empleo, sigue las instrucciones que te indica la plataforma.

Y como LinkedIn es tu amigo, te hace el proceso más fácil con plantillas que puedes usar desde el móvil. Estas plantillas te aparecerán en la parte inferior cuando vas a **"Crear publicación"**

Te lo muestro:

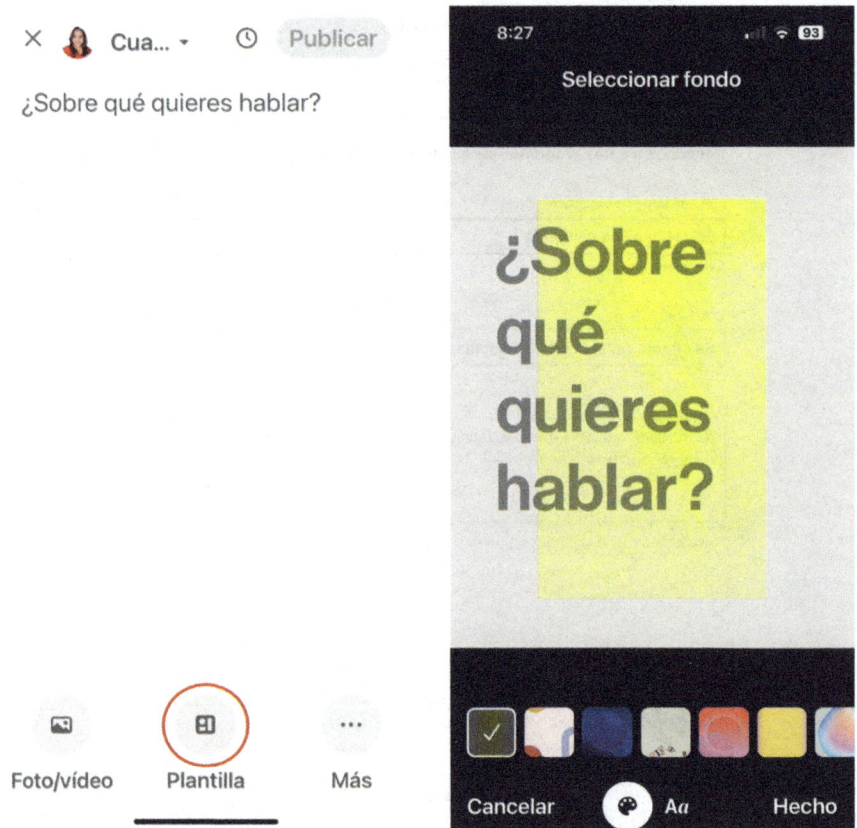

TIP EXPERTO: haz este ejercicio que me compartió mi mentor Guillermo Gonzales Pimiento. Comenta 10 contenidos al día por 7 días en temas de tu interés y aportando valor. De esta forma, Linkedin te premiará mostrando tu contenido y verás resultados.

LA INTELIGENCIA ARTIFICIAL, TU ALIADA EN LinkedIn

En el amplio mar digital de LinkedIn, como comprador industrial buscas hacerte visible, conectar con los proveedores adecuados y mantenerte actualizado con las tendencias del sector, ¿verdad?

Pero, ¿cómo puedes sacarle el máximo provecho a esta plataforma y crear contenidos que resalten?

Aquí es donde entra la inteligencia artificial (IA) para ser tu aliada en esta travesía.

Las herramientas de inteligencia artificial como Chat GPT pueden ser tus aliadas al momento de generar contenido. Pero la magia no termina ahí, también puedes optimizar tu contenido con IA, la cual te facilita la creación de palabras clave, la mejora de la legibilidad o la corrección de errores gramaticales en tu texto.

Ahora dispones de herramientas que revisan tu contenido, evaluando el alcance, las interacciones, los comentarios y hasta el número de clics en los enlaces que incluyas en tu post.

Y, aunque este tema se escapa a este libro, he querido darte un bonus para facilitarte la creación de contenido, porque quiero que conviertas tu perfil en un imán de oportunidades.

Te comparto páginas que, estoy segura, te ayudarán con muchas herramientas útiles:

- www.tinywow.com/ - aquí encontrarás un sinfín de herramientas gratuitas que harán tu vida más fácil, como mejorar un contenido con IA, convertir un PDF a Word o comprimir un archivo PDF, etc.

- www.futureailab.com/ - te entrega un sin número de herramientas de IA y guías para usarlas paso a paso.

- www.crystalknows.com/ - te da un análisis de la personalidad y la mejor forma de comunicarte con un prospecto en LinkedIn.

- www.authoredup.com/ - es muy buena para optimizar la calidad de tus textos, añadirles negritas y emojis, analizar métricas, darte sugerencias, programar publicaciones, etc.

- **Chat GPT, Bard, Perplexity, Bing Chat y Chat PDF,** son herramientas de IA que te ayudarán a vencer el síndrome de la página en blanco al momento de crear contenido. Solo debes saber darle los comandos adecuados para que te entregue la información que estás buscando. *Pero recuerda:* ¡no copies! Sé auténtico, inspírate y reescribe con tu propia esencia y experiencia.

Al momento de escribir mi libro, LinkedIn se está sumando a la era de la Inteligencia Artificial desde sus publicaciones.

Habrá que ver cómo evoluciona en su plataforma.

Deja que la inteligencia ✕
artificial te ayude con un
primer borrador
Describe en detalle lo que
quieres escribir, incluyendo
puntos clave y ejemplos. Te
ayudaremos a empezar con un
primer borrador creado por
inteligencia artificial.

Nota importante: Para acceder a esta función, tu perfil de LinkedIn debe estar en inglés y debes haber publicado al menos una vez en los últimos 90 días. Esta herramienta se está implementando gradualmente, por lo que puede ser que aún no esté disponible para todos los usuarios.

Ahora ya estás listo para tener un perfil que trabaje para ti 24/7 y se convierta en un imán de oportunidades.

Recuerda que **no es magia.** Esto no termina aquí, debes darle cariño y algo de tiempo a LinkedIn para que experimentes el poder de esta maravillosa red.

¡TU FUTURO ESTÁ LLENO DE INFINITAS POSIBILIDADES!

Aquí no culmina la aventura, por el contrario, empieza un capítulo nuevo y emocionante en tu nueva marca personal como un **COMPRADOR INFLUYENTE.**

Gracias por permitirme ser parte de este viaje y por depositar tu confianza en mi conocimiento y experiencia.

Ahora, con herramientas nuevas y perspectivas frescas, estás a un paso de desplegar una presencia impactante en LinkedIn que te hará destacar .

Tu perfil no es solo un reflejo digital, es el eco de tu dedicación, aptitudes, experiencias, conocimientos y el valor inmenso que aportas.

¡CONFÍA EN TI, EL MUNDO TE NECESITA!

Mientras avanzas, recuerda que cada conexión formada, cada recomendación recibida y cada oportunidad creada, te acercan a tu meta profesional.

Con gratitud y anticipación por los muchos logros que te aguardan, te dejo con una reflexión:

**"En cada interacción, hay una invitación a evolucionar, en cada conexión, una promesa de crecimiento.
Tu presencia en LinkedIn no es un destino, sino un viaje emocionante hacia un horizonte infinito de posibilidades".**

TE DESEO MUCHO ÉXITO.

Carol

Made in the USA
Monee, IL
26 June 2025